I0663043

HERITAGE AND HOPE

At its March 1988 meeting, the Administrative Committee of the National Conference of Catholic Bishops authorized the preparation of a pastoral letter on the Fifth Centenary of Evangelization in the Americas. This present document, *Heritage and Hope: Evangelization in the United States,* was approved at the plenary assembly of the National Conference of Catholic Bishops, November 1990. Accordingly, the publication of this pastoral letter is approved by the undersigned.

Monsignor Robert N. Lynch
General Secretary
NCCB/USCC

November 26, 1990

Excerpts from the *New American Bible,* copyright © 1970 (including the Revised New Testament © 1986), used with permission of the copyright holder, the Confraternity of Christian Doctrine, Washington, D.C. All rights reserved.

ISBN 1-55586-386-8

Contents

Introduction

As we observe the five hundredth anniversary of the encounter between Europe and the Americas, we join with our fellow citizens in the United States, Canada, Latin America, and many European nations in commemorating an event that reshaped the course of world history. Although we share this event with many throughout the world, our primary concern in this letter is with our own land, the United States of America. As pastors and teachers of the People of God, we wish to call attention to the crucial role that evangelization has played in forming the present civilization of our continent. Evangelization, as Pope Paul VI has said, "means bringing the Good News [of Jesus Christ] into all strata of humanity, and through its influence transforming humanity from within and making it new."[1]

It is that process of transformation that we highlight as we observe the Quincentenary, the change that results from men and women hearing the proclamation of the Good News that, in Christ, God is reconciling the world and bringing to light a kingdom of righteousness, peace, and joy. We recall the history of that process on our own continent, rejoicing in its successes and lamenting and learning from its failures. As Pope John Paul II has indicated, the Church wishes to approach the Quincentenary "with the humility of truth, without triumphalism or false modesty, but

---

1. Paul VI, *Evangelii Nuntiandi,* apostolic exhortation, *On Evangelization in the Modern World* (Washington, D.C.: USCC Office for Publishing and Promotion Services, 1975), 18.

looking only at the truth, in order to gives thanks to God for its successes and to draw from its errors motives for projecting herself, renewed, towards the future."[2] As Church, we often have been unconscious and insensitive to the mistreatment of our Native American brothers and sisters and have at times reflected the racism of the dominant culture of which we have been a part. In this quincentennial year, we extend our apology to the native peoples and pledge ourselves to work with them to ensure their rights, their religious freedom, and the preservation of their cultural heritage.

Mindful of the valuable contribution of other Christians in bringing the gospel to our hemisphere, we, nevertheless, focus in this statement on the legacy of Catholics. We wish to gain from an examination of our past a firm sense of our identity as an evangelized and evangelizing Church.

But beyond that we wish to speak to the present, to look at the challenges we face here and now. We wish, as well, to look to the future to see how to continue the work of evangelization and to promote what Pope John Paul II has described as "a new evangelization: new in its ardor, its methods, its expression."[3]

We challenge all those who hear our message to respond, to be part of the process by which the Word of God takes root and bears fruit that nourishes every part of life. The story of the Americas is our story, not only in the sense that there have been millions of Christians who have populated this hemisphere, but also in the sense that, as the Second Vatican Council

---

2. John Paul II, "Building a New Latin America," *Origins* 14:20 (Washington, D.C., November 1, 1984), p. 308.

3. Cf. ibid., p. 307.

has taught, there is nothing genuinely human that does not touch the followers of Christ. All the joys, the hopes, the griefs, and the anxieties that make up the story of the last half millennium are our heritage as Catholics and as members of the American community.[4]

The Drama of Evangelization

Human history is the drama of humanity's search for God and God's loving revelation. God has made women and men placing deep within their souls a hunger for the divine. God has established within creation signs that manifest the Creator's love. In the great event of the Incarnation, that drama reached its high point. "And the Word became flesh and made his dwelling among us."[5] Christ is "[t]he true light which enlightens everyone"[6] who comes into the world. He is the fullness of the Godhead from whom we have all received grace and truth.[7] To spread the Good News of his coming, Jesus called to himself a people and sent them forth as witnesses of the great things that they had seen and heard.[8] Compelled by the love of Christ they went forth to the ends of the earth to proclaim the message of Jesus. The Church, as the People of God, stands on that "foundation of the apostles and proph-

---

4. Cf. Second Vatican Council, *Gaudium et Spes, Constitution on the Church in the Modern World,* (Washington, D.C.: USCC Office for Publishing and Promotion Services, 1965), 1.

5. Jn 1:14.

6. Jn 1:9.

7. Cf. Jn 1:14.

8. Cf. Acts 4:20.

ets."[9] The Spirit also has been at work outside the visible Church, scattering among the nations what the church fathers of the second and third centuries called the "seeds of the Word," inspiring men and women through their discoveries, their aspirations, their sufferings, and their joys.

Human beings have responded in various ways to God's loving revelation, often cooperating with God's grace and also, in their weakness, falling short of the invitation to abundant life. At times the seeds of the Word sown on good ground have been choked by the cares of this world. The struggle to allow the Word to blossom in our lives is an acute one that was no less arduous in the past than today. The failures, which often have tragic consequences, are, likewise, not new but part of our heritage as imperfect, yet graced daughters and sons of God.

The fundamental unity of the human race stems from the fact that it has been made in God's image and likeness. "Christ's Gospel of love and redemption transcends national boundaries, cultural differences, and divisions among peoples. It cannot be considered foreign anywhere on earth; nor can it be considered identical with any particular culture or heritage."[10]

The faith, however, finds expression in the particular values, customs, and cultural institutions of those who respond to God's revelation. This means that both the message and the people to whom it is addressed must be viewed with respect and dignity.[11] The story

---

9. Eph 2:20.
10. National Conference of Catholic Bishops, *Statement of the U.S. Catholic Bishops on American Indians* (Washington, D.C.: USCC Office for Publishing and Promotion Services, 1977), 6.
11. *Evangelii Nuntiandi*, 4.

of the coming of faith to our hemisphere must begin, then, not with the landing of the first missionaries, but centuries before with the history of the Native American peoples.

Migrating across this great continent, the peoples settled over thousands of miles from the mountains of the Pacific Northwest to the tropical swamps of the Southeast, developing distinct languages and cultures and carefully planned social systems to meet the demanding needs of a vast, challenging environment. The Creator walked with the first Americans giving them a realization of the sacredness of creation, manifested in their rites of chant, dance, and other rituals. The sun dance and the vision quest spoke of their understanding of the importance of prayer and spiritual growth. The sweatlodge, the traditions of fasting and keeping silence illustrated an understanding of the values of self-humiliation and deprivation for the sake of something greater. Their respect for unborn life, for the elderly, and for children told of a refined sense of the value of life. The prayers, practices, and sacred celebrations showed the wonder and awe with which the native peoples carried out their stewardship of the earth.

The encounter with the Europeans was a harsh and painful one for the indigenous peoples. The introduction of diseases to which the Native Americans had no immunities led to the death of millions.[12] Added to that were the cultural oppression, the injustices, the disrespect for native ways and traditions that must be

---

12. Cf. Alfred Crosby, *The Columbian Exchange* (Westport, Conn.: Greenwood Press, 1972).

acknowledged and lamented.[13] The great waves of European colonization were accompanied by destruction of Native American civilization, the violent usurpation of their lands, and the brutalization of their inhabitants. Many of those associated with the colonization of the land failed to see in the natives the workings of the same God that they espoused. Confronted with a vastly different culture, European Christians were challenged to reexamine how their own culture shaped their faith. Often they failed to distinguish between what was crucial to the gospel and what were matters of cultural preference. That failure brought with it catastrophic consequences for the native peoples who were at times forced to become European at the same time they became Christian.

Yet, that is not the whole picture. The effort to portray the history of the encounter as a totally negative experience in which only violence and exploitation of the native peoples was present is not an accurate interpretation of the past. The notion, traditionally known as the "black legend," that Catholic Spain was uniquely cruel and violent in the administration of its colonies is simply untrue. Spanish monarchs, through the *Patronato Real,* financed the ministries of thousands of missionaries and made extensive efforts to support the Church's efforts in the newly encountered lands. Also through Spain many of the cultural refinements and scientific advances of Renaissance Europe were brought to the Americas.

There was, in fact, a deeply positive aspect of the encounter of European and American cultures.

---

13. John Paul II, "Meeting with Native Americans," *Unity in the Work of Service* (Washington, D.C.: USCC Office for Publishing and Promotion Services, 1987), p. 109.

Through the work of many who came in obedience to Christ's command to spread the gospel, and through the efforts of those who responded to the Word—the Native Americans and peoples of the new race that resulted from the mingling of the European and American peoples—the gospel did in fact take root. The encounter engendered an unprecedented missionary effort on the part of European Christians that was to reshape the map of the Church. It represented a widening of the frontiers of humanity and a vigorous effort on the part of the Church to bring about the universality that Christ desired for his message. It cannot be denied that the interdependence of the cross and the crown that occurred during the first missionary campaigns brought with it contradictions and injustices. But neither can it be denied that the expansion of Christianity into our hemisphere brought to the peoples of this land the gift of the Christian faith with its power of humanization and salvation, dignity and fraternity, justice and love.

From the earliest days there were Catholic missionaries who exercised a humanizing presence in the midst of colonization. Many of the missionaries made an effort at adapting the forms and symbols of Christianity to the customs of the indigenous American peoples. They learned the languages, the ceremonies, and the traditions of the native peoples, attempting to show how Christianity complemented their beliefs and challenged those things in their culture that conflicted with Christ's message. They labored for the spiritual and material welfare of those to whom they ministered.

Perhaps the most significant moral problem the Church faced in the Americas was that of human dignity and slavery. Some spoke out energetically for the rights of native peoples and against the mistreatment of imported slaves. Bartolomé de las Casas, a Dominican bishop and friend of the Columbus family, was a tireless defender of Indian rights. While for a time he advocated the practice of importing African peoples to replace the Indian slaves, he soon repented upon suffering profound moral anguish. As Bishop of Chiapas he ordered the denial of absolution to those who persisted in holding slaves. This mandate earned him the opposition of so many in his diocese that he resigned as bishop. Las Casas went on to become one of the earliest opponents of the enslavement of peoples of any race.

Las Casas inspired the work of the Spanish theologians Francisco de Vitoria and Francisco Suarez, who were pioneers in the creation of a philosophy of universal human rights based on the dignity of the person. Spanish rulers like Charles I responded to the call for reform and instituted new laws to protect the rights of natives. The pontiffs also responded, condemning any efforts at the enslavement of the native population. Pope Paul III, in 1537, issued his bull *Sublimis Deus* in which he "denounced those that held that the inhabitants of the West Indies and the southern continents . . . should be treated like irrational animals and used exclusively for our profit and service." He declared that "Indians, as well as any other peoples which Christianity will come to know in the future, must not be deprived of their freedom and their possessions . . . even if they are not Christians and that, on the contrary, they must be left to enjoy their freedom and their possessions." Later Urban VIII declared that anyone who kept Indian slaves would incur excommunication.[14]

Stories of Evangelization

For 500 years the gospel of Jesus Christ informed the lives of the Americas attempting to complete and fulfill that which was good in both the native and immigrant cultures and confront what was not. The stories of the many evangelizers—men and women, clergy, religious, and lay—who strove to spread the Good News are numerous and varied. In what follows we tell only a few of those stories, not necessarily the most important, but ones that illustrate the range and depth of the evangelizing process in our history. It is not intended to be a list of the most famous or the best but of significant voices that can inspire us today.

Christopher Columbus

The year 1992 marks the half millennium of the voyage of Christopher Columbus. He was the son of a Europe freshly astir, reaching out for new resources and new trade routes to the East. It was also a Europe in which missionary fervor ran high. Spain's Ferdi-

---

14. Cf. Pontifical Commission "Iustitia et Pax," *The Church and Racism: Towards a More Fraternal Society* (Washington, D.C.: USCC Office for Publishing and Promotion Services, 1988), p. 11.

nand and Isabella, as Pope Alexander VI wrote in 1493, "for a long time had intended to seek out and discover certain islands and mainlands, remote and unknown and not hitherto discovered by others, to the end that [they] might bring to them the worship of our Redeemer and the profession of the Catholic faith. . . ."[15] On October 12, 1492, Columbus planted the cross on the soil of the Americas. He named the land San Salvador—Holy Savior—and thus began the process of bringing Christianity to the hemisphere.

Columbus had close ties to the Franciscan order and was influenced by ideas on missions, then current among the friars, that spoke of a new age of the Holy Spirit that was about to dawn, marked by the activities of zealous missionaries who would bring the gospel to nonbelievers throughout the world.[16] On his second voyage, instructed by the Catholic rulers to "in every way and manner that you can, procure and work on inducing the dwellers of these islands and mainland to convert to our holy catholic faith," he was accompanied by a group of religious men, the first of the missioners, whom Pope John Paul II has called "the architects of that admirable action of evangelization."[17]

---

15. Alexander VI, *Inter Caetera*, bull, in John Tracy Ellis, ed. *Documents of American Catholic History*, (Wilmington, Del.: Michael Glazier, 1987), 1:1.

16. Cf. Delano C. West, "Medieval Ideas of Apocalyptic Mission and the Early Franciscans in Mexico," *The Americas* 45 (January 1989): 293-313; Leonard I. Sweet, "Christopher Columbus and the Millennial Vision of the New World," *Catholic Historical Review* 72 (July and October 1986): 369-382 and 715-716.

17. John Paul II, "The Beloved Land of Columbus," Address on Arrival in the Dominican Republic, January 25, 1979.

The exploitation and eventual extermination of the Arawaks that followed Columbus's landing, encouraged in no small part by his own reports, was inexcusable. Much has been written on the motivations and character of Columbus that reveals the workings of a complex man whose journeys to America were motivated by forces ranging from self-interest to piety. In him, as in the whole experience of the encounter between Europeans and peoples of the Americas, diverse motivations were at work.

Complex as well was the process by which the Word of God became part of the lives of the peoples who would come to be known as Americans. Human weakness coexisted with virtue, openness with prejudice, charity with injustice. Through it all the seeds of the Word variously sown brought forth the fruits of the gospel. Over the centuries thousands of men and women sought to bring the Good News of Jesus to their times, healing the sick, educating the ignorant, and witnessing to their culture of the presence of Christ. There were clergy, religious, and laity from different races and from different times but all motivated by a common desire to evangelize.

Early Spanish Missionaries

Spain surpassed all other colonial powers in its comprehensive efforts to bring the gospel to America. The hundreds of missionaries who came to the new land shared a concern for applying the gospel to all of life. Struggling with soldiers and other colonists whose self-interest was greater than any care for the native peoples and with limited understanding of the integrity of native cultures, the missionaries often took part in the destruction of valuable aspects of Native American life. But they also strove to serve the needs of the native population combining their preaching of the faith with large scale efforts at improving health care, engineering, agriculture, and education through an elaborate mission system.

Those efforts came early in the history of our land. In 1565, secular priest Francisco Lopez de Mendoza Grajales dedicated the first Catholic parish in what is now the United States in St. Augustine, Florida, and began work among the Timucuan Indians of Florida. Nuestra Senora de la Soledad, the first hospital in North America, opened its doors in 1599 in St. Augustine. The friars' advocacy of the rights of the native peoples was so strong that on two notable occasions during the latter half of the seventeenth century two governors of Florida were removed from office and imprisoned by the Crown for their acts against the Indians.[18] In 1599, Franciscan friars with the colonizing expedition of Juan de Onate established churches in northern New Mexico to serve the new communities of settlers as well as to provide Native American converts with improved education, nutrition, agriculture, and shelter. Another Franciscan, the Venerable Antonio Margil, worked during the early eighteenth century in Texas, founding missions in the region of present day San Antonio. He established the first Church in Louisiana and walked barefoot from there to Guatemala in an extraordinary journey that resulted in the conversion of 60,000 Indians to the faith.

---

18. Cf. Michael V. Gannon, "Defense of Native American and Franciscan Rights in the Florida Missions" (typescript).

Eusebio Francisco Kino, the seventeenth-century Jesuit missionary to Sonora and Arizona, set the stage for the conversion and transformation of tens of thousands of desert dwelling Native Americans. He opened overland routes to distant California and inspired the creation of the Pious Fund of the Californias. His unwavering love for his people is still recognized by generations of pilgrims to his grave in Sonora where he died in 1711. The upper California coast was the venue for the work of one of the most indefatigable of Franciscan missionaries, Blessed Fray Junípero Serra. Between 1769 and 1784, he founded nine of California's famous twenty-one missions, stretching from San Diego to the Great Bay of San Francisco. Serra's zeal for the conversion of souls has carried into our times as special inspiration for priestly vocations.

Juan Diego and Hispanic Americans
The Story of Our Lady of Guadalupe

That process by which Christianity became not the religion of the invader but the prized possession of the native peoples and of the many peoples of mixed Spanish and Native American descent is perhaps best symbolized in the story of Our Lady of Guadalupe. According to the long established tradition, the Indian peasant Juan Diego recounted his vision of the Virgin Mary appearing to him in Tepeyac in 1531. He told of how she appeared on the site of a shrine to the virgin mother goddess, Tonantzin, venerated by the native peoples. As one greater than the sun god, Mary appeared to hide the sun whose rays shone around her. As one greater than the moon goddess, she seemed to stand on the moon itself. Yet she appeared not as a warlike goddess, but as a young *mestiza*. She wore a little black band that indicated she was an expectant mother. She was beautiful and comforting, promising protection and liberation to Juan Diego in a time of great loss and hardship. She enabled him and the native people to endure, in the light of faith, suffering, deplorable injustice, and humiliation. As one of his own she directed him to another that was greater than she: to her son Jesus, to the Christ in whom all the fullness of the Godhead dwells. When she parted, she left on his cloak an image of herself—Mary, the Mother of God, the symbol of the Church, the one through whom Christ has come into the world, imaged on native cloth, grown on the Mexican hillsides and formed by the hands of the people of that land. The devotion to Our Lady of Guadalupe that followed (recently advanced by the Church's beatification of Juan Diego) illustrates vividly how the gospel was able to find forms of expression that came from the cultures of those to whom it was addressed. The contributions of Native Americans and Hispanics who have followed in Juan Diego's footsteps have enriched many and enabled us all more deeply to understand and express the message of Christ.[19]

Andrew White and the Maryland Jesuits

It was not only in the Spanish dominion that missions blossomed. The English Jesuits were part of the early efforts of the second Lord Baltimore to found a colony in the Chesapeake Bay area. Jesuit missionary

---

19. See *Gaudium et Spes*, 58.

Andrew White and two other missionaries journeyed on Baltimore's ships, the Ark and the Dove, in 1633. White wrote of the enterprise: "The first and most important design of the Most Illustrious Baron . . . is not to think so much of planting fruits and trees in a land so fruitful, as of sowing the seeds of Religion and piety. . . . Who can doubt that by one such glorious work as this many thousands of souls will be brought to Christ?"[20] White composed a catechism in Piscataway, as well as a grammar and dictionary. The missionaries had great success with the Anacostians and Piscataways despite the persecution of Catholic missionaries by Protestants from Virginia and the decline of the missions in ensuing decades.

The Catholic presence in Maryland was to become an enduring part of the history of that land. With it came religious toleration that briefly marked Maryland as the first colony where citizens had the freedom to practice the religion of their choice without suffering the persecutions of the state.

The Evangelizers in New France and Marie of the Incarnation

In New France as well the gospel accompanied settlement and exploration. The great valleys of the St. Lawrence and Mississippi rivers formed the centers of the French presence in North America. French Jesuit missionaries Pierre Baird and Ennemond Mass began their work at Port Royal, Nova Scotia, in 1608. From

---

20. "Narrative of a Voyage to Maryland (1634)," in Robert Emmett Curran, ed. *American Jesuit Spirituality* (New York: Paulist Press, 1988), p. 47.

there they brought the gospel to Native Americans throughout northern New England. Father Baird celebrated the first Mass in New England on November 1, 1611, on an island off the coast of Maine. To the west, Jacques Marquette combined a zeal for exploration with efforts to evangelize. After four years of mission work in the upper Great Lakes area he joined explorer Louis Joliet on a 2,500 mile canoe trip down the Mississippi. He founded the mission of the Immaculate Conception of the Blessed Virgin at Kaskaskia on the banks of the Illinois River in 1674.

An important part of that evangelization was a concern for the education of the young. During the 1650s, Marie of the Incarnation was part of a small group of Ursuline sisters who had come from France to work with the children of Native Americans and French colonists. Their schools for girls were among the earliest efforts by women's communities to evangelize native peoples in North America. Marie left the comforts of family and home in Europe to go to the frontier settlement of Quebec. After risking her life in a three-month Atlantic crossing, she told of her encounters with the people she had come to serve: "thanks to the goodness of God, our vocation and our love for the natives has never diminished. I carry them in my heart and try very gently through my prayers to win them for heaven. There is always in my soul a constant desire to give my life for their salvation."[21]

In fact martyrdom was an awful reality for some of the earliest evangelizers. Not all of the native peoples welcomed the missionaries or saw in Christianity a

---

21. "Relation of 1654," in Irene Mahony, ed. *Marie of the Incarnation* (New York: Paulist Press, 1989), p. 139.

faith and way of life that complemented their own. Brave Franciscan Friar Juan de Padilla, who had accompanied the Coronado expedition, was martyred probably near Quivira in the Kansas prairie in 1542 where he was dwelling with the native peoples. He thus became the first martyr in North America. Spanish Dominican friars, Fathers Luis Cancer and Diego de Tolosa and Brother Fuentes were killed in Florida in the area of Tampa Bay in 1549. Jesuit Juan Bautista Segura lost his life in Virginia in 1571. Six other Jesuits, who were later known as North American Martyrs, gave up their lives in the spread of the gospel. Among them was St. Isaac Jogues, who zealously served the Huron nation and was killed by a neighboring tribe in 1646 in what is now Auriesville, New York.

Blessed Kateri Tekakwitha

The Word that was brought by the early missionaries to the Native American peoples yielded rich fruit that was nowhere more evident than in the life of Blessed Kateri Tekakwitha. Kateri was born in 1656 in the Indian village of Ossernenon (in the area that is now upstate New York). Orphaned as a child, she came to the Christian faith at age twenty through the ministry of a French Jesuit. Her new faith brought upon her abuse and ostracism from her family and tribe. A year later she fled her village, walking 200 miles in the snow to a Christian Indian village near Montreal to receive the Eucharist for the first time. There she became known for a life of great charity as she shared her faith and worked for the benefit of her new community until her death in 1680 at the age of twenty-four.

Evangelization and the African Americans

The coming of the gospel to America involved not only the European and American peoples but also those of the other great continent that made up the Atlantic world: Africa. Around the time of Columbus' first voyage, Europe was also taking new interest in Africa. The need for laborers in the American colonies gave rise during the next century to the slave trade that linked the three continents during the colonial period. During much of that time, Africans made up a significant part of the populations of the colonies.

As was the case with Native Americans, there were many followers of Christ who, unwilling to acknowledge the image of God in the Africans, enslaved and treated them like chattel. The injustice done to the African peoples was profound and deplorable.

Despite the oppression, there were those evangelizers who sought to serve their African American brothers and sisters. Alonso de Sandoval worked tirelessly during the first half of the seventeenth century, evangelizing slaves en route from Africa to the West Indies. His writings were among the first warnings to Europeans of the horrors of the slave trade. Through his example, Jesuit St. Peter Claver began his work as a priest and physician that resulted in the conversion of over 300,000 slaves to Christianity.

The gospel took root and bore fruit among the African American people. Peruvian *mulatto* St. Martín de Porres, of Spanish father and African mother, has become a source of inspiration for African Americans and Catholics of many countries and races, because of his holiness and his dedicated service to the poor, the sick, and orphaned children. In Florida, former slave Francisco Menendez was successful in his efforts to found the first town of free Blacks in what is now the United States, Gracia Real de Santa Teresa de Mose. In early nineteenth-century New York, the saintly Pierre Toussaint worked to evangelize and minister to fellow Haitians and Blacks, French refugees, the homeless, and the sick of all races and conditions. African American Catholic women also played a significant role in the life of the Church in the United States. Mother Mary Elizabeth Lange became the foundress of the Oblate Sisters of Providence, the first congregation of African American women religious, in 1829. The Oblate Sisters worked to evangelize and educate African Americans, operating schools and orphanages in Maryland. In 1842, Henriette Delille and Juliette Gaudin began the Holy Family Sisters in New Orleans, ministering to the sick and poor among the African American community and bringing the Good News to the needy.

St. Elizabeth Seton

One of the great resources of the Catholic Church in the United States has been her converts. Among them none is more noteworthy than the first person born in the United States to attain sainthood, Elizabeth Seton. Born in 1774 in New York, she was raised as a devout Anglican. A wife and mother of five children, she was received into the Catholic Church after the death of her husband. Writing to a non-Catholic friend afterward, she said of her new life: "As to my manner of life, every day increases my interest in it. And for that religion you think folly, madness, bigotry, super-stition, etc., I find it a source of every consolation."[22] Her love of the gospel and interest in the education of children led her to open a school for girls in Baltimore in 1808. With the encouragement of Archbishop John Carroll of Baltimore she formed a women's community to instruct poor children. The Sisters of Charity were the first religious community founded in the United States, and their work was at the vanguard of the paro-chial school movement.

Pierre DeSmet and the Northwest

Expansion into the American West brought whole new waves of missionary endeavor to the Pacific Coast. For many years the leaders of various Native American tribes had asked that the "Black Robe" come to teach them about "the place where abides the Great Spirit." Finally, in 1840, Fr. Pierre Jean DeSmet, a Bel-gian Jesuit missionary, travelled from St. Louis to pres-ent-day western Wyoming where he was met by 1,800 Native Americans who were members of the Flathead, Nez Perce, and Pen d'Oreille tribes. Later, together with Fr. Modest Demers and Francis Blanchet, he began an extensive evangelization program for the en-tire Northwest including Idaho, Oregon, and Washing-ton. Considered a most loved and trusted friend of the Northern nations, DeSmet was frequently called on by the U.S. Government to write treaties of peace. His suc-cessful missionary work marked one of the most imag-

---

22. To Julia Scott, July 24, 1817, in A. Melville and E. Kelly, eds. *Eliza-beth Seton* (New York: Paulist Press, 1987), p. 61.

inative evangelization efforts in the history of the Church in the United States.

Félix Varela

The ability of evangelizers to adapt to new situations is an important part of the story of the gospel in our hemisphere. That quality is well illustrated in the life of Félix Varela. Varela was born in 1788 in Cuba. For the first thirty-five years of his life he strove to spread the Good News in his native land through his teaching and writing in areas of philosophy and politics. His involvement with the early movement to achieve greater Cuban national autonomy forced him to flee the Spanish dominion for his life when he became the center of a movement to introduce a new form of government to Cuba. As an exile from his own land, he arrived in New York City in 1823 and there found ways to continue his lifelong work of evangelization. His remarkable career as a priest and journalist extended for thirty years. He became vicar general of the diocese of New York and ministered to immigrant Irish. He edited *El Habanero,* a magazine for Cuban exiles and became involved in the early efforts among U.S. Catholics to produce religious journals in English and Spanish. Throughout his life he was a tireless champion of human freedom and of the compatibility of Catholicism with free democratic society.

Isaac Hecker

The question of how the gospel becomes incarnate in a specific culture is one that U.S. Catholics struggled

21

with long after the colonial period. During the nineteenth century there were few who gave themselves as fully to an examination of how Catholicism should address the culture of the United States as Isaac Hecker. In 1858, he founded the first society of North American priests, the Missionary Society of St. Paul the Apostle. While a young man at the Transcendentalist commune Brook Farm in West Roxbury, Massachusetts, he came to believe that Catholicism would have great appeal to many non-Catholics searching for a religion that could fulfill their spiritual aspirations and the demands of their reason. He believed that Catholicism was the religion best suited for the new republic and that Catholics were gifted by their tradition with the tools to build a more just society. His conviction led him to develop new means for evangelizing, utilizing mass market magazine and book publishing media, along with innovative public lectures to reach non-Catholics. His vision of the evangelization of American culture became the inspiration for many, including James Cardinal Gibbons, archbishop of Baltimore, and Monsignor John J. Burke, CSP, the first general secretary of the National Catholic Welfare Conference (now the National Conference of Catholic Bishops).

St. Philippine Rose Duchesne and Blessed Katharine Drexel

In the course of 500 years, many inspired by the gospel have chosen service to the less fortunate over a life of comfort. Of those few are more relevant to our present day than St. Philippine Rose Duchesne and Blessed Katharine Drexel.

Philippine Rose Duchesne was born in 1769 into an upper-class family in Grenoble, France. Her father was a prominent lawyer and member of parliament. She grew up in privileged surroundings in the family's palatial home on the Grande Rue. Yet her desire to serve Christ and the poor caused her to join the Visitation Sisters at the age of nineteen. Forced to leave the convent by the anticlerical forces of the French Revolution, she returned to Grenoble where she did charitable work until she was able to join the newly founded Society of the Sacred Heart in 1804. Under her leadership a group journeyed to America in 1818 to work with young girls. Over the next thirty-four years she was involved with the establishment of six schools along the Mississippi. One of her last years was spent living among the Potawatomi Indians in Kansas.

Born in 1858, Katharine Drexel was the daughter of wealthy investment banker Francis Drexel of Philadelphia. She abandoned her life of luxury to work with two groups of Americans that had suffered greatly: African Americans and Native Americans. She donated large sums of her own money to found schools on Indian reservations to educate children and to train teachers. In 1891, after a time with the Sisters of Mercy, she founded the Sisters of the Blessed Sacrament for Indians and Colored People. She established sixty-three schools over her long career, among which was the school that became Xavier University in New Orleans, the first Catholic university in the United States for African Americans.

St. John Neumann

Economic, political, and religious disruptions in Europe during the nineteenth century occasioned the immigration of thousands of Catholics—Armenians, Czechs, Germans, Irish, Italians, Lithuanians, and Poles, among others—who were followed by faithful pastors and religious. Settling in the inner cities and on the distant frontiers, they laid the foundations for a growing Catholic Church.

St. John Nepomucene Neumann, himself an immigrant seminarian from Bohemia, was ordained for work among the German-speaking immigrants of New York. After zealous work as a diocesan priest and then as a Redemptorist, he continued his apostolate as bishop of Philadelphia serving immigrant communities and establishing parochial schools until his death in 1860.

St. Frances Xavier Cabrini

The growth of cities during the late nineteenth century in the United States created special needs for evangelization. New immigrants crowded into large metropolitan areas that had few structures to meet the needs of the newly arrived. Frances Xavier Cabrini, an Italian-born foundress of the Missionary Sisters of the Sacred Heart, came to New York in 1889 where she worked among Italian immigrants, establishing orphanages, schools, adult classes in Christian doctrine, and the Columbus Hospital. Her work spread to other U.S. cities, reaching thousands.

The Twentieth Century

The work of evangelization has continued into our own century. Each generation has tested the resolve and inventiveness of those who tried to spread the Good News. The call of the gospel to penetrate every aspect of human life has been heard by many in our day. Here we can only note the worthy efforts of persons like Dorothy Day and Peter Maurin to evangelize the social milieu by working for the dignity of the poor. Others, such as Christopher founder Fr. James G. Keller, attempted to spread the gospel to the marketplace by encouraging Catholics to witness to their faith by their actions. Evangelists, especially Frank Sheed and Archbishop Fulton J. Sheen, used the new media of mass communications to reach many with the message of Christ. Some like Thomas Merton through a life led in seclusion from the world, nevertheless, reached thousands through their writings. Still others, among them Fr. Thomas Price and Fr. James Anthony Walsh, founders of Maryknoll, engaged in the creation of new missionary societies to spread the Word. Leaders, including Glenmary founder William Howard Bishop, strove to bring the Good News to the rural poor of the United States. Some, especially Sr. Thea Bowman, who through her efforts as an educator and liturgist worked to evangelize African Americans and make their gifts better known and appreciated, played a significant role in the ongoing evangelization of our culture. During the 1930s, in Houston, Texas, Sr. Benitia Vermeersch founded the Missionary Catechists of Divine Providence, the first religious community of Mexican American women, to meet the needs of Hispanics in their language and culture. Since its foundation in 1905 by

Fr. Francis Clement Kelley, the Catholic Church Extension Society has been a vital source of energy in evangelizing America's poor rural missions. Movements like the Grail, headed in this country by Lydwine van Kersbergen and Joan Overboss, strove to reach out especially to women to bring a fresh vision of discipleship to today's world. The healing message of the gospel also reached the area of interracial relations as witnessed by the work of people like Catherine de Hueck Doherty, foundress of the Friendship House movement. All of these twentieth-century evangelizers were able to embody a part of the message of salvation and incarnate it in their world in a manner fit for their day.

In addition to those who have become widely known for their work, there have been millions who have passed down the faith from one generation to another within the family. The meteoric growth of the Church in our country is due, in large part, to the massive immigration of Catholic faithful of both Latin and Eastern Rites, who kept their faith and in turn passed it on to their children. With the faith have come the distinctive ethnic cultures in which it was nourished, cultures that in many aspects have been shaped by centuries of Christian faith. The stories of those family evangelizers—those parents and children, those grandparents and godparents—need to be remembered and told in this time of commemoration. Every family, every parish, every ethnic and regional group in the Church has its own special memories that can be sources of hope and inspiration for a new generation of believers.

Recommitment through Evangelization

Reflecting on our past, we can with new self-awareness address the challenges of our present day. Recently, the Church has experienced a heightened awareness of the importance of evangelization in its life and mission. It has sought to answer the questions: What has happened to the hidden energy of the Good News that so moved Christians of the past? And to what extent and in what way is that evangelical force capable of really transforming our world today?[23]

We proclaim Good News that is, first of all, the revelation that God the Almighty Creator is the loving Father of each of us, who ". . . so loved the world that he gave his only Son, so that everyone who believes in him might not perish but might have eternal life."[24] The foundation, center, and summit of the Good News is the proclamation that in Jesus Christ salvation is offered as a gift of God's grace and mercy. We are each called to respond personally to that grace and mercy of Christ. We are challenged to experience a total interior renewal, a profound change of mind and heart that leads to a life lived in the spirit of the beatitudes. Christ's salvation exceeds the limits of this world and is fulfilled in union with God forever in heaven. The Good News reveals that Christ has sent his Holy Spirit among us, that he has given us the Church through which we are called to relate to him personally, to experience and live out the way of life of his kingdom, to

---

23. Cf. *Evangelii Nuntiandi*, 4.
24. Jn 3:16.

27

celebrate the Eucharist, to receive instruction, guidance, and sacramental graces that will fulfill our search for God and bring us to eternal happiness with him.

Through both Scripture and tradition Jesus has enriched his Church with the fullness of his teachings.[25] The Good News reaches every part of human activity. It proclaims the rights and responsibilities of each human being. It addresses family life and life in society, calling us to strive for peace and justice and for the authentic advancement of humanity.[26] It speaks of the dignity of work, of all human endeavors that are destined to complement the creating action of God in order to serve the human community. It challenges us to transform every aspect of the work place in light of the gospel. Evangelization means embracing the Good News. It means a conversion of hearts that begins with our own whether we are clergy, religious, or laity.

It involves reaching out with the compassion of Christ to the alienated of our Church, reconciling the great number of people who have been lured from the Lord by contemporary materialism, secularism, and hedonism and offended by failures and insensitivity of their Christian communities. It includes reaching out to the unchurched and to those who do not share the fullness of our blessings as members of the Church of the Lord Jesus.

When we speak of evangelization we are speaking of challenging not only individuals but society at large to change. We are speaking of God's power to trans-

25. Cf. Second Vatican Council, *Lumen Gentium, Constitution on the Church* (Washington, D.C.: USCC Office for Publishing and Promotion Services, 1964), 8.
26. See *Evangelii Nuntiandi*, 25-39.

form cultures, to renew political, economic, ecclesial, and human relationships.

Today, five centuries after the coming of the gospel to America, our land is still in need of the transforming power of Jesus. The year 1992 presents an opportunity for Catholics of the United States to reflect on the needs of the present in light of the inspiring examples given by evangelizers of past ages and to recommit ourselves to the task of evangelizing our continent. As Pope John Paul II has urged us, now is not the time to be paralyzed by the wrongs of the past or to look back nostalgically to a golden age but to "learn from the mistakes of the past and . . . work together for reconciliation and healing. . . ."[27]

A major aspect of that healing must include efforts at reconciliation with Native Americans and African Americans, *mestizos* and *mulattos*, for whom the encounter that we commemorate was, and continues to be, so painful.

Yet the healing of which we speak is not only from the effects of repression and racism, but indeed a healing from the effects of sin in all its many facets. Christ has come that we—in our individual and social lives— might have abundant lives, free from bondage to evil.

The Challenges and Opportunities for Today's Evangelizers

The 1992 world in which the modern evangelist serves presents vastly different challenges and opportunities from those of Columbus' day. There are seri-

---

27. "Meeting with Native Americans," p. 110.

ous problems confronting the evangelizer of today. Not the least of these are problems within our own household of faith. Among our Catholic brothers and sisters there are over 17 million inactive persons. Many are poorly instructed and indifferent about the faith. Proselytism by avid non-Catholic churches draws away large numbers, especially Hispanics.[28] Only 2 percent of Catholics, when polled, say that they are personally involved in efforts of evangelization, and only one in three parishes has any evangelization program. The number of priests and religious has declined. Disturbingly, in a recent survey, only 49 percent of Catholics polled said they placed a high value on helping those in need, a consistently lower percentage than for other Christian groups.[29]

Beyond those special problems within our own community, there are tumultuous forces affecting society at large and creating a crucial need for the healing power of the gospel. Public policy in many areas of education, health, and social services reflects values in conflict with the gospel. Efforts to redirect resources to

---

28. *Proselytism* here is meant to convey important attitudes and behavior in the practice of Christian witness. Proselytism embraces whatever violates the right of the person, Christian or non-Christian, to be free from external coercion in religious matters, or in the proclamation of the gospel, whatever does not conform to the ways God draws free persons to himself in response to his call to serve in spirit and in truth. Cf. Second Vatican Council, *Ad Gentes Divinitus, Decree on the Church's Missionary Activity,* 6, 15; and World Council of Churches, "Joint Action for Mission," New Delhi Assembly, 1961. 29.

29. George Gallup, Jr. and James Castelli, *The American Catholic People* (Garden City, N.Y.: Doubleday, 1987), pp. 1-9.

human needs, such as those outlined by the U.S. bishops' *Economic Justice for All: Pastoral Letter on Catholic Social Teaching and the U.S. Economy*,[30] meet with resistance in many quarters.

Our public educational system many times fails to develop in students adequate awareness of the moral and ethical responsibilities of their chosen vocations. An atmosphere of selfish manipulation and greed has in some areas displaced a concept of service in the public good as is witnessed by the debacles of massive frauds on Wall Street and in federal government agencies.

The modern-day communication system of the press and the electronic media sometimes abandons its role as responsible educator by polluting our culture, obscuring the Good News by heralding the bad news: the confusing, divisive, impoverishing message of secularism. By advertising material possessiveness and by preempting family communication and interpersonal dialogue, our media at times leave in their wake lonely and despondent people. The arts at times fall prey to the same temptations, appealing to the prurient and the base, rather than to the dignity of women and men.

The structure of family life has been changing dramatically, often with traumatic effects on the spouses, the children, the society, and the community of faith.

Without the gospel, modern life with its immediacy, efficiency, and speed, its constant changes and congestion at times has resulted in misery, increasing violence, controversy, and tension. Humanity is suffer-

30. National Conference of Catholic Bishops, *Economic Justice for All: Pastoral Letter on Catholic Social Teaching and the U.S. Economy* (Washington, D.C.: USCC Office for Publishing and Promotion Services, 1986).

ing from confusion, self-doubt, and uncertainty about fundamental values. Pragmatism, materialism, consumerism are the creeds of the age. There is a declining sense of moral values; there is fear, hopelessness, and a growing lack of respect for law and for life.

The evangelizer is faced with the problem of indifference to matters of religion. Relativism makes many wonder why they should hold any truths as sacred. With those forces of our age has come the growth of an extreme form of individualism that sees no need for the faith community or for the necessity of comparing one's own insights with those offered by tradition.

Signs of Hope

Despite the obstacles and serious problems confronting us, U.S. Catholics possess the resources and strengths for effective evangelization to respond to the present challenges, perhaps to a degree never before enjoyed. Today Catholics make up 28 percent of the U.S. population, making Catholics by far the largest denomination in the country. By the middle of the next century, Catholics presumably will comprise a larger part of the populace than all other Christian denominations for the first time in our history. Today Catholics are present in all income and educational levels in our society, including the highest. A higher percentage of Catholics than in the general population is currently in college, suggesting that gains in income, education, and influence are likely. Our youth is increasingly Catholic. A third of all U.S. teenagers are Catholic, and 29 percent of U.S. citizens under the age of thirty are Catholic.

From the earliest days, Catholic schools have been a source of strength both for Catholics and for the larger community, including minorities. Today Catholic elementary and secondary schools are places where learning in service to God and to humanity continues to take place, forming our young people religiously and intellectually and preparing them to meet the challenges of tomorrow. To that network of schools are added over 250 Catholic colleges and universities that strive to provide religious, moral, and intellectual development for their students. Outside of the schools, effective catechetical programs assist our children, youth, and adults to grow in their faith.

For nearly five centuries, Catholics have played a leading role in health care in our nation. From the earliest hospital in St. Augustine, to the expansive efforts of women religious in the nineteenth century, to the sophisticated centers of today, Catholics have been witnessing to the gospel by caring for the sick and testifying to the compassion of our Lord and to the worth of human life.

Many Catholics now play leading roles in the cultural, economic, and political life of the nation. They are in a singular position to influence the course of our nation as never before. Through decisions and actions imbued with gospel values, they can work together with others of good will to build a society of compassion, justice, and liberty for all.

But beyond those material advantages, Catholicism possesses certain strengths, which are well suited for meeting the spiritual longings of our contemporary culture. Prescient observers of U.S. Catholicism in the past have commented on its ability to provide our society with much needed influences. Orestes Brownson,

33

writing in the last century, believed that it was in the United States that the proper blend of individual liberty and order was to be worked out. He argued that U.S. citizens, with their penchant for freedom and their great appreciation for individual liberty, needed to learn from Catholicism the values of tradition that functioned to pass on through history the shared wisdom and cumulative experience of humanity. Without some appreciation of the past, people are left to rediscover for themselves the right and prudent behavior in every new situation—a burden that few can bear. It is essential, he argued, that people recognize the organic bond that ties them to one another and to the countless generations that have preceded them.[31]

John Courtney Murray, in our own century, led the way in exploring the implications of the U.S. proposition of ordered freedom for the Church. Part of his program was his effort to promote Catholic involvement in culture-forming acts of engagement with society that would transform it according to Christian values.[32] Both Brownson and Murray believed that Catholicism was a comprehensive tradition that combined in it a balanced and healthful appreciation for the individual and the community, for change and continuity. It was that comprehensive nature, that wisdom, that tacit dimension of moral knowledge that a people could learn by being exposed to Catholic thought. In an encounter with the living tradition of the Church, a tradition both self-confirming and self-renewing, U.S. citizens could learn important lessons.

---

31. Cf. Orestes Brownson, *The American Republic* (New York: P. O'Shea, 1865).
32. Cf. John Courtney Murray, *We Hold These Truths* (Garden City, N.Y.: Doubleday, 1964).

Many in our own time, from all ends of the theological and political spectra, have been calling for new formulations of the relationship between the public and the private. There is a fresh concern for the common good, a new quest for ways of conserving the wisdom of the past and blending it with the innovations of the present, and an awareness of the insufficiency of present solutions. Many are searching for new ways to speak of values and virtue. In such a climate U.S. Catholicism, the embodiment of the dynamic tradition of the apostles lived in a land committed to freedom and human dignity, has much to offer.

Dating back at least to the very time of the first encounters between the peoples of this hemisphere and Europe, Catholics have sought to make visible the connection between individual conversion of heart and the society's responsibility to seek the common good. The Church in our country has developed a tradition of insisting that the relation between faith and the pursuit of a more just social order is constitutive of the gospel call. As the Church throughout the world observes the hundredth anniversary of Pope Leo XIII's encyclical *Rerum Novarum*, the Church in this country recalls its own strong tradition. Since 1919, the time of the U.S. bishops' *Program of Social Reconstruction*,[33] U.S. Catholics have addressed the moral dimensions of public policy, engaging issues of war and peace, of economic justice, of the fundamental rights of the unborn, of

33. National Catholic War Council, *Program of Social Reconstruction* (1919) (Washington, D.C.: USCC Office for Publishing and Promotion Services, 1985).

women, of workers, of minorities, of refugees, and of all who suffer discrimination.[34]

The cultural richness of our Catholic heritage also can contribute to our present situation as we announce the Good News to the people of the Americas. The Catholic Church in the United States is made up of diverse cultures and peoples. Each of them is a special gift. Hispanics, African Americans, Native Americans, Asians, and Europeans join the many other cultures from the world over that have all played a part in the formation of our U.S. Catholic community. As they all express the one faith through their unique cultural gifts, the whole Church is enriched. The Church is in this sense an instrument for guarding and restoring unity in the human family. Our nation, like our Church, has prided itself on its diversity. *"E pluribus unum"* is a motto that today is as important as ever to hold, not as a denial of the uniqueness of individual cultures, but as a commitment to the dignity of each people and to the peaceful collaboration among persons of different cultural backgrounds who, rejoicing in their uniqueness, affirm together a common identity as people of the United States.

The Church often has been a great patroness of the arts in the West. Religious inspirations lie behind many of the masterpieces of visual, musical, and literary arts on our continent. In an age in which the relationship of art to goodness, truth, and beauty has often been obscured, Christians can promote an integrated vision that can enkindle again a sense of wholeness and pro-

---

34. See National Conference of Catholic Bishops, *A Century of Social Teaching: A Common Heritage, A Continuing Challenge* (Washington, D.C.: USCC Office for Publishing and Promotion Services, 1990).

vide the background for works of beauty and of depth. Art can be a valuable resource for spiritual renewal.

As those who have been evangelized, we have a responsibility to care not only for other persons but for the creation. The growing concern in our nation for ecology, for preserving the natural riches of the earth, is a sign of hope. They point, as does Native American spirituality, to God the Creator and confirm our belief that humanity shares in God's creative and caring role in creation. The Incarnation should stir us to a new concern for the earth. Too often since the dawn of the industrial age, our planet has been despoiled out of ignorance, carelessness, and greed. We have now the resources to correct serious problems that unchecked could disturb the delicate balance of life in our hemisphere and in our world. As Pope John Paul II has emphasized: "The ecological crisis reveals the *urgent moral need for a new solidarity,* especially in relations between the developing nations and those that are highly industrialized."[35] We are part of a worldwide Church renewed in identity and mission by the Second Vatican Council and by the leadership of extraordinary pontiffs. The Church is a sign of the transcendence of the human person and of the solidarity of the human race. We believe in a God who, in Christ, forged a bond of unbreakable solidarity with every human being. In proclaiming that solidarity throughout our land and, indeed throughout the world, the Church calls the citi-

---

35. John Paul II, *The Ecological Crisis: A Common Responsibility* (Washington, D.C.: USCC Office for Publishing and Promotion Services, 1990), 10.

zens of our country to be mindful of their linkage with their sisters and brothers throughout the world, especially with those who share this continent.

We have a sacramental system that speaks to the spiritual needs of those searching for God. We have the *Rite of Christian Initiation for Adults,*[36] which enables inquirers who have received the seeds of the Word to come to know the living God in a community of faith. We also have a rich tradition of spirituality reaching back to apostolic times and containing some of the greatest achievements of the spirit that history has seen. Most important, we have the Eucharist, our ultimate expression of worship and praise.

One of our greatest strengths is a renewed sense of the vocation of the lay person in the Church and in the world. As the Second Vatican Council reminded us, each of us is called by baptism and confirmation to share in the saving mission of our Lord Jesus and his Church. Through parishes, through Catholic organizations, through pastoral plans such as the *National Pastoral Plan for Hispanic Ministry*[37] and the *National Black Catholic Pastoral Plan,*[38] through renewal movements, through the family, and through the marketplace lay men and women are increasingly aware of the impor-

36. International Commission on English in the Liturgy, *Rite of Christian Initiation of Adults* (Washington, D.C.: USCC Office for Publishing and Promotion Services, 1988).
37. National Conference of Catholic Bishops, *National Pastoral Plan for Hispanic Ministry* (Washington, D.C.: USCC Office for Publishing and Promotion Services, 1987).
38. See National Conference of Catholic Bishops, *Here I Am, Send Me: A Conference Response to the Evangelization of African American Catholics and "The National Black Catholic Pastoral Plan"* (Washington, D.C.: USCC Office for Publishing and Promotion Services, 1990).

tance of bearing witness to God's kingdom. By work, however exalted or humble, believers participate in transforming the world. By the presence of God's people in the whole range of social, cultural, intellectual, political, and economic life, our society is benefited and enriched.[39]

The importance of the Christian family as a source of strength is, in this moment in the history of our culture, hard to overstate. The family's role is to perform a service of love and life. The love between husband and wife in marriage embraces all members of the family and forms a community of persons united in heart and soul. There life is handed on from generation to generation.

The family forms an evangelizing community where the gospel is received and put into practice, where prayer is learned and shared, where all the members, by word and by the love they have for one another, bear witness to the Good News of salvation. In contemporary U.S. society, where the stability of the family has been undermined by divorce, disrespect for life, and a culture of hedonism, families centered on Christ can be sources of healing for many.

In our parish communities throughout the nation, the faithful are brought into a living relationship with Christ. They are nourished spiritually by the proclaiming, celebrating, and witnessing of the Good News. In these local communities of God's people, the work of prayer goes on continually, giving to our lives a sacred rhythm and grounding. The parish is a family of families in which faith is nourished and expressed. In the parish the faith is transmitted, passed from the univer-

39. See *Lumen Gentium,* 31.

sal community of faith, as the authentic teaching of the apostles. There the task of building up a living community serving the needs of individuals and families is undertaken. Parishes can be evangelizing centers, reaching out to the alienated and the unchurched, bringing people together to work for social justice, and providing all with opportunities for friendship and spiritual encouragement. Those gifts enable us to build communities of mutual love and care that stand in stark contrast to the often exploitative relationships of the society around us.

Beyond that, we have a new appreciation for the sacred Scriptures, which, together with tradition, form one sacred deposit of the Word of God.[40] St. Jerome reminded us that ignorance of the Scriptures is ignorance of Christ. Catholics today, inspired by the Second Vatican Council, which looked for a new surge of spiritual vitality from intensified veneration of God's word, are meeting together to study the Scriptures. They are praying in their homes with the Scriptures and teaching their children to value them.[41]

A special sign of hope in our day is the dedicated clergy and religious who are committed to the service of God and people. Using their gifts of orders, grace, and nature, they labor to form Christ in God's people. The clergy, as servant leaders, proclaim and celebrate in worship the mysteries of our faith. By their love and leadership, they guide the people to the kingdom. The permanent deacons, numbering over 10,000 in our country, evangelize through the ministry of the Word

---

40. Cf. Second Vatican Council, *Dei Verbum, Constitution on Divine Revelation* (Washington, D.C.: USCC Office for Publishing and Promotion Services, 1965), 10.
41. Cf. ibid., 26.

and of charity. Vowed witnesses to the gospel, the religious, by their lives of prayer and service, animate the living of the faith throughout the land.

A Call to the Civilization of Love

America for these 500 years has stood as a sign of hope for many peoples. The moment calls for Christians, faithful to the gospel, to realize the hope that a people renewed by the saving presence of Christ may help build a better society. May the new evangelization stimulate holiness, integrity, and tireless activity to promote the dignity of all human life, thus witnessing more fully to the presence of the kingdom of God in our midst. May we all, through a fresh commitment to the gospel, engage in a new *discovery*, a new creation of a world still being sought: a community of faith, a culture of solidarity, a civilization of love. The future is struggling to be born as the Word of God entreats men and women to respond more fully to its message. It is one in which a "new inspired synthesis of the spiritual and temporal, of the ancient and modern" might be brought forth.[42]

All of the People of God must do their part in this new evangelization. Scholars and teachers, in reverence for the truth, should see their work as contributing to the good of humanity in the light of the gospel. Parents, in their trying but immeasurably important task, should work to build the *domestic church* in which faith and virtue are nurtured. The young, who have a special vocation to hope, should spread among their

---

42. Pope Paul VI, "Homily delivered in St. Peter's Basilica," July 4, 1964.

peers the message of light and life that is in Christ. Artists, who toil to create works of beauty and meaning, should view their art as a medium through which others may see something of the transcendent. Public servants, who struggle in an environment of utilitarianism, should spread the justice of Christ's kingdom by their way of life. Laborers and mechanics, those working in commerce and law, those who care for the sick, and those who engage in scientific research: the gospel calls them all to a special witness in our society. It calls each of us to incarnate the Good News of Christ in the midst of our labors.

We are each called to become salt and light for the world, and at times, a sign of contradiction that challenges and transforms the world according to the mind of Christ. While we are not called to impose our religious beliefs on others, we are compelled to give the example of lives of faith, goodness, and service. On issues of fundamental moral importance, it is at times necessary to challenge publicly the conscience of society—as did our sisters and brothers in other ages—to uphold those basic human values that advance fundamental human rights and promote the spiritual aspirations of every person.

It is our hope that during 1992 and thereafter, our nation will give special attention to the condition of Native Americans. We encourage all Americans to better understand the role of native peoples in our history and to respond to the just grievances of our Native American brothers and sisters.

We hope that this will be a graced time for rejecting all forms of racism. The negative consequences of slavery are still painfully felt in both the African American culture of today and throughout society in the

Americas. We acknowledge and lament this and pledge ourselves during the quincentennial year to redress those injustices.

The Church in this country is truly multicultural. Our many peoples, each in their uniqueness, are gifts of God. May we at this time renew our appreciation of this as we welcome the new immigrants to our land, many of whom come to our shores with a vibrant Catholic faith. Asians, Europeans, Africans, and citizens of the Americas each enrich our faith community.

It is our hope that during this time, we recognize and give thanks for the birth of the Hispanic people, a beautiful fruit of the coming together of diverse peoples and cultures. Theirs was indeed a painful birth, but the result was five centuries of transformation affecting both Church and society. The Hispanic presence is now more evident than ever as we move into the second half millenium of the gospel in America.

We wish to strive for a new reconciliation in the spirit of the gospel among all Americans and to recognize more fully our solidarity with the nations of this hemisphere. Evangelization is unfinished if exploitation of the weak, of minorities, and of peoples of the third world countries still exists. The Quincentenary calls us to a new commitment as Christians to right the evils of the past and the present and to be forceful advocates of the peace and justice proclaimed by the gospel. May we stand with our sisters and brothers of Latin America in their struggles for dignity, freedom, and peace with justice.

May the Church in the United States also not forget its commitment to the universal dimension of evangelization. May we continue as a Church to share our human and material resources with those evangelizers of other lands who strive to bring the gospel to their peoples.[43] With Pope Paul VI, may we say as we witness a growing number of Catholics proclaiming their faith: "We cannot but experience a great inner joy when we see so many pastors, religious, and lay people, fired with their mission to evangelize, seeking ever more suitable ways of proclaiming the Gospel effectively."[44]

Observance of the Quincentenary in the United States

The bishops of the United States join with our brother bishops in the hemisphere in urging our people to respond to the challenge of the Vicar of Christ that the five-hundredth anniversary year be one of a new commitment to living and sharing, in private and public life, the gospel of Jesus Christ. We bishops of the United States call the attention of the faithful to the significance, the potential of this year of grace. We invite our dioceses, parishes, universities, schools, movements, and organizations to make the observance of the Quincentenary a priority. Specifically we suggest observing the event by focusing on three dimensions:

1. **The historical dimension.** A fresh effort to remember our past in stories, in song, in writing, whether at the popular or scholarly level, is an impor-

---

43. See National Conference of Catholic Bishops, *To the Ends of the Earth: A Pastoral Statement on World Mission* (Washington, D.C.: USCC Office for Publishing and Promotion Services, 1987).

44. *Evangelii Nuntiandi,* 73.

tant part of the observance. Together we should strive to answer the questions: Who are we as American Catholic people? What do we believe in and stand for? Where did we come from, and what forces helped make us who we are? What can we learn from our mistakes and our successes?

2. **The observance dimension.** Observances to commemorate the social and civic aspects of the Quincentenary will be planned by various groups throughout the country in 1992. We call on Catholics to bring to those observances the unique perspective we have presented here. In particular, we urge Catholics to develop observances such as prayer services, pilgrimages, pageants, and festivals that focus attention on the issues we have raised. Our observances should include times of mourning over the injustices of the past and vital efforts at reconciliation with our Native American brothers and sisters through prayer and social action.

3. **The evangelization dimension.** This is the heart of the quincentenary observance for the Catholic community and as such should be pursued with great vigor. We wish to see this new evangelization promoted in two phases. In phase one, we call upon all to become increasingly aware of the need for being evangelized afresh, for bringing the light of Christ to our own lives and to those of our families and faith communities. During phase two, we urge reaching out to alienated Catholics, the unchurched, and society at large with the Good News.

Most appropriately, the Quincentenary may be observed by the celebration of the Eucharist. The bishops have prepared, with the approval of the Holy See, the text of a special liturgy of thanksgiving for the occasion. In addition, we urge that other services be held to worship the Lord and to thank him for his blessings upon the people of the hemisphere over these 500 years, to atone for our failures, and to ask his continued blessings especially on our evangelization efforts and on peace initiatives in the hemisphere.

We also will be part of a convocation of all the bishops of the hemisphere to reconsecrate the hemisphere to the Lord and to recommit ourselves and our people to evangelization, to justice and peace, and to responding to the needs of the poor.

Conclusion
A Renewed Presence of Jesus in Our Land

We as the Church are an enduring presence of the gospel of Jesus, which came to our hemisphere 500 years ago. Jesus is the first evangelizer, and we are called upon to continue his mission. The life of the Church, the charity we live, and the sacred bread and cup we share only acquire their full meaning when they give witness, when they inspire imitation and conversion, when they become the preaching and proclamation of the Good News.[45]

The world is calling for evangelizers to speak to it of a God whom they know and serve. It is in need of new vocations to the priesthood and to the religious life. It is calling for evangelizers who give witness in the world. What is more, our age expects of all believ-

---

45. Cf. ibid., 15.

ers simplicity of life, a spirit of prayer, charity toward all, obedience and humility, detachment and sacrifice. Without these marks of holiness, the evangelists will have difficulty touching the hearts of modern people. Their activity risks being vain and sterile. The 1992 evangelizers come with a commitment of ever-increasing love for those whom they are evangelizing. They say with the apostle Paul: "With such affection for you, we were determined to share with you not only the gospel of God, but our very selves as well, so dearly beloved had you become to us."[46] They come with the fervor of the saints, the fervor that urges them to proclaim with joy the Good News that they have come to know through the Lord's mercy. To proclaim the Good News is the evangelizers' duty. It is the right of every person to receive freely and without coercion the proclamation of the Good News of salvation in the integrity of one's own conscience. Men and women may be able to gain salvation in ways other than through our proclaiming it to them. But we must ask: Can we gain salvation if through negligence or fear or shame—what St. Paul called blushing for the gospel—we fail to proclaim it?[47]

At this graced historic moment, we bishops address the laity, religious, and clergy with the words of Pope Paul VI:

> Let us therefore preserve our fervor of spirit. Let us preserve the delightful and comforting joy of evangelizing, even when it is in tears that we must sow. May it mean for us—as it did for John the Baptist, for Peter and Paul, for the other Apostles and for a multitude of splendid evangelizers all through the

---

46. 1 Thes 2:8
47. Cf. Rom 1:16.

Church's history—an interior enthusiasm that nobody and nothing can quench. May it be the great joy of our consecrated lives. And may the world of our time, which is searching, sometimes with anguish, sometimes with hope, be enabled to receive the Good News not from evangelizers who are dejected, discouraged, impatient or anxious, but from ministers of the Gospel whose lives glow with fervor, who have first received the joy of Christ, and who are willing to risk their lives so that the Kingdom may be proclaimed and the Church established in the midst of the world.[48]

We entrust our observance of the quincentennial year, our commitment to giving birth with new fervor to the life of the gospel in our hemisphere, to Our Lady of Guadalupe, Patroness of the Americas. She truly was the first Christ-bearer; by her maternal intercession, may her faithful sons and daughters be renewed and discover afresh the joy and splendor and promise of being bearers of the Good News.

> *Father,*
> *let the light of your truth*
> *guide us to your kingdom*
> *through a world filled with lights*
> *contrary to your own.*
> *Christian is our name and the gospel*
> *we glory in.*
> *May your love make us what you have*
> *called us to be.*
> *We ask this through Christ our Lord.*[49]
> *Amen.*

---

48. *Evangelii Nuntiandi*, 80.
49. Alternative Opening Prayer, Fifteenth Sunday in Ordinary Time, *The Roman Missal* (International Commission on English in the Liturgy, 1973).

HERENCIA Y ESPERANZA

Evangelización en los Estados Unidos

Carta pastoral
en el Quinto Centenario de
la Evangelización de las Américas

Conferencia Nacional de Obispos Católicos
Noviembre de 1990

CONTENIDO

Introducción

Al marcar el Quinto Centenario del encuentro entre Europa y las Américas, nos unimos a los ciudadanos de los Estados Unidos, Canadá, América Latina y de muchas naciones europeas para conmemorar este evento que transformó el curso de la historia. Aunque compartimos esta conmemoración con otros países del mundo, el foco principal de esta carta es nuestra tierra, los Estados Unidos de América. Como Pastores y Maestros del Pueblo de Dios, queremos llamar la atención al papel crucial que la evangelización ha tenido en la formación de la civilización de nuestro continente. "Evangelizar," ha dicho el Papa Pablo VI, "significa para la Iglesia llevar la Buena Nueva de Jesucristo a todos los ambientes de la humanidad y, con su influjo, transformar desde dentro, renovar a la misma humanidad."[1]

Queremos realzar, al marcar el Quinto Centenario, ese proceso de transformación, el cambio que ocurre cuando hombres y mujeres escuchan la proclamación de la Buena Nueva que Dios, en Cristo, reconcilia al mundo y revela un reino de rectitud, paz y gozo. Recordamos la historia de ese proceso en nuestro propio continente, regocijándonos en sus triunfos y lamentando sus fracasos, y aprendiendo de ellos. El Papa Juan Pablo II ha señalado que la Iglesia desea celebrar el Quinto Centenario "con la humildad de la verdad, sin triunfalismos ni falsos pudores; solamente mirando a la verdad, para dar gracias a Dios por los aciertos, y sacar del error motivos para pro-

---

1 Pablo VI, *Evangelii Nuntiandi*, 18.

1

yectarse renovada hacia el futuro."[2] En nuestra función de Iglesia hemos sido, a veces, inconscientes e insensibles al maltrato de nuestras hermanas y hermanos nativo-americanos y hemos reflejado también el racismo de la cultura dominante de la que somos parte. En el año del Quinto Centenario queremos expresar nuestras disculpas a los pueblos nativos y prometemos trabajar con ellos para asegurar sus derechos, su libertad religiosa y la preservación de su herencia cultural.

Conscientes de la valiosa contribución de otros cristianos que llevan el Evangelio a nuestro hemisferio, nosotros, sin embargo, enfocamos la herencia católica en esta declaración. Partiendo de un análisis del pasado deseamos adquirir un sentido firme de nuestra identidad como Iglesia evangelizada y evangelizadora.

Pero más allá de esto, queremos dirigirnos al presente y mirar los retos que aquí se nos presentan en estos momentos. Queremos, así mismo, mirar hacia el futuro para continuar la tarea de evangelizar y para promover lo que el Papa Juan Pablo II ha descrito como "una nueva evangelización: nueva en su ardor, en sus métodos, en su expresión."[3]

Instamos a todos aquellos que escuchan nuestro mensaje a responder, a ser parte del proceso por el cual la Palabra de Dios echa raíces y produce fruto que nutre a todos los aspectos de la vida. La historia de las Américas es nuestra historia, no sólo en el sentido que millones de cristianos han poblado el hemisferio, sino también en el sentido que, como el Concilio Vaticano II nos enseña, no hay nada que sea

---

2 Juan Pablo II "Mensaje ante el CELAM: La nueva Evangelización," Santo Domingo, 12 de octubre de 1984. (Santo Domingo: Colección Documentos de la Editora Amigo del Hogar), p. 24.
3 Cf. ibid., p. 21.

realmente humano que no concierna a los seguidores de Cristo.[4] Los gozos y las esperanzas, las tristezas y las angustias que constituyen la historia de este último medio milenio, son nuestra herencia como católicos y como miembros de la comunidad de las Américas.

El drama de la evangelización

La historia es el drama de la humanidad en búsqueda de Dios y de su revelación. Dios creó al hombre y a la mujer implantando dentro de su ser el hambre de lo divino. Dios ha establecido dentro de la creación signos que manifiestan el amor de Dios. En el gran evento de la Encarnación ese drama llegó a su punto culminante. "El Verbo de Dios se hizo carne y habitó entre nosotros."[5] Cristo es la luz que ilumina a todos los que vienen a este mundo.[6] Cristo es la realización total de la divinidad de quien todos hemos recibido gracia y verdad.[7] Para diseminar la Buena Nueva de su venida, Jesús escogió para sí un pueblo y lo envió a ser testigo de las grandes cosas que había visto y oído.[8] Movido por su amor a Cristo este pueblo llegó hasta el fin de la tierra para proclamar su mensaje. La Iglesia como Pueblo de Dios, está fundamentada en "la base de los apóstoles y profetas."[9] El Espíritu también ha actuado fuera de la Iglesia visible, diseminando entre las naciones lo que

---

4 Concilio Vaticano II, *Gaudium et spes, (Constitución de la Iglesia en el mundo actual)*, (Madrid, España: Biblioteca de Autores Cristianos de La Editorial Católica, S.A.), 1.
5 Juan 1:14.
6 Cf. Juan 1:9.
7 Cf. Juan 1:14.
8 Cf. Hechos 4:20.
9 Efesios 2:20.

los Padres de la Iglesia en el siglo II y III llamaban las "semillas de la Palabra," e inspirando a hombres y mujeres mediante sus propios descubrimientos, aspiraciones, sufrimientos y alegrías.

Los seres humanos han respondido de varias maneras a la revelación de un Dios amoroso, frecuentemente cooperando con la gracia de Dios, y a veces fallando a causa de sus debilidades sin lograr alcanzar plenamente la vida abundante que Dios nos ofrece. A veces las semillas de la Palabra sembradas en buena tierra han sido ahogadas por las preocupaciones de este mundo. La lucha para facilitar que la Palabra florezca en nuestras vidas es dura y no fue menos ardua en el pasado que lo es en el presente. Los fracasos, con sus frecuentes consecuencias trágicas, no son nuevos tampoco, sino que forman parte de nuestra herencia como hijas e hijos imperfectos pero dotados de la gracia de Dios.

La unidad fundamental de la raza humana radica en el hecho de que hemos sido creados "a imagen y semejanza de Dios." El Evangelio de Cristo de amor y redención, trasciende fronteras nacionales, diferencias culturales y las divisiones que existen entre los pueblos. El Evangelio no es extraño en ninguna parte de la tierra; pero tampoco es idéntico a ninguna cultura.[10]

La fe, sin embargo, se expresa en los valores particulares, costumbres e instituciones culturales de los que responden a la revelación de Dios. Esto quiere decir que tanto el mensaje como el pueblo a quien va dirigido ese mensaje tienen que ser vistos con respeto y dignidad.[11] La historia de la llegada de la fe a este

---

10 National Conference of Catholic Bishops, *Statement of the U.S. Catholic Bishops on American Indians,* (Washington, D.C.: USCC Office for Publishing and Promotion Services, 1977), 6.

11 *Evangelii nuntiandi*, 40.

hemisferio no empieza cuando los misioneros tocaron tierra, sino más bien muchos siglos antes con la historia de los pueblos nativos del continente.

En migraciones que cruzaron este gran continente, esos pueblos se establecieron en millares de kilómetros, desde las montañas del noroeste en el Pacífico hasta los pantanos tropicales del sureste, creando culturas, lenguas distintas y sistemas sociales cuidadosamente planificados para responder a los desafíos del vasto medio ambiente. El Creador estaba presente entre los pueblos nativos dotándolos de una visión de la dimensión sagrada de la creación que se manifiesta en sus cantos, danzas y otros ritos. La danza del sol y la búsqueda ritual de una experiencia mística muestran su entendimiento sobre la importancia de la oración y del crecimiento espiritual. El pabellón de sudar, las tradiciones del ayuno y el silencio ilustraban su comprensión de los valores de la humildad y el sacrificio en búsqueda de algo superior. Su respeto por la vida de los no-nacidos, de las personas mayores y de los niños, manifestaban un sentido refinado del valor de la vida. Estas oraciones, ritos y celebraciones sagradas mostraban la admiración y la fascinación con que los pueblos nativos percibían su responsabilidad hacia el cuido de la tierra.

El encuentro con los europeos fue duro y penoso para los nativos. La propagación de enfermedades para las que los nativos no tenían defensas causó la muerte de millones de ellos.[12] Además, hay que reconocer y lamentar la opresión cultural, las injusticias y la falta de respeto por las tradiciones y la forma de

---

12 Cf. Alfred Crosby, *The Columbian Exchange* (Westport, Conn.: Greenwood Press, 1972).

vida de los nativos.[13] Las grandes olas de colonización europea estuvieron acompañadas de la destrucción de la civilización indígena, la usurpación de sus tierras y la brutalización de sus habitantes. Muchos de los que estuvieron asociados con la colonización de la tierra no llegaron a ver que los nativos eran obra del mismo Dios en que ellos creían. Frente a una cultura muy diferente, los cristianos europeos tuvieron que re-examinar cómo su propia cultura había moldeado su fe. Muchas veces no supieron distinguir entre lo que era crucial para el Evangelio y lo que era asunto de preferencias culturales. Esta falla trajo consigo consecuencias desastrosas para los pueblos nativos que fueron a veces forzados a adoptar aspectos de la cultura europea al mismo tiempo que se hacían cristianos.

Pero esto no revela todo el panorama. El esfuerzo para presentar la historia de aquel encuentro como una experiencia totalmente negativa en la que sólo hubo violencia y explotación de los pueblos nativos no es una interpretación exacta del pasado. La noción, tradicionalmente conocida como "la leyenda negra," de que la España católica fue excesivamente cruel y violenta en la administración de sus colonias es simplemente falsa. Los monarcas españoles, mediante el Patronato Real, financiaron a miles de misioneros e hicieron grandes esfuerzos para apoyar la labor de la Iglesia en las nuevas tierras. También por medio de España, muchos de los avances culturales y científicos del renacimiento europeo llegaron a las Américas.

Hubo, de hecho, un aspecto positivo muy profun-

---

13 Juan Pablo II, "Meeting with Native Americans," en *Unity in the Work of Service* (Washington, D.C.: USCC Office for Publishing and Promotion Services, 1987), p. 109.

do en el encuentro de las culturas de Europa y América. El Evangelio echó raíces a causa de la labor de tantos que vinieron en obediencia al mandato de Cristo de predicar el Evangelio, así como también por los esfuerzos de los que respondieron a esa Palabra: los nativo-americanos y los de la nueva raza que resultó de la mezcla de europeos con americanos. El encuentro engendró, de parte de los cristianos europeos, un esfuerzo misionero sin precedentes que reconstruyó el mapa de la Iglesia. El encuentro también ensanchó los horizontes de la humanidad y la Iglesia hizo un esfuerzo vigoroso para completar la universalidad que Cristo pidió para el mensaje evangélico. No se puede negar que la interdependencia de la cruz y la corona que ocurrió durante las primeras campañas evangelizadoras trajo consigo contradicciones e injusticias. Pero tampoco se puede negar que la expansión de la cristiandad en nuestro hemisferio trajo el don de la fe cristiana con su poder para humanizar y salvar, fraternizar y conferir dignidad, justicia y amor a los pueblos de estas tierras.

Desde el comienzo hubo misioneros católicos que ejercieron su presencia humanizante en medio de la colonización. Muchos de los misioneros hicieron un esfuerzo para adaptar las formas y los símbolos de la cristiandad a las costumbres de los pueblos indígenas del continente. Los misioneros aprendieron los idiomas, las ceremonias y las tradiciones de los pueblos nativos, tratando de mostrar cómo el cristianismo complementaba sus creencias y confrontaba esos aspectos de su cultura que estaban en conflicto con el mensaje de Cristo. Los misioneros lucharon para conseguir el bienestar espiritual y material de aquellos a quienes servían.

Tal vez el más importante problema moral que la Iglesia enfrentó en las Américas fue el de la dignidad humana y la esclavitud. Algunos defendieron enérgicamente los derechos de los pueblos nativos y batallaron en contra del maltrato de los esclavos importados. El dominico Bartolomé de las Casas, obispo y amigo de la familia de Colón, fue un incansable defensor de los derechos indígenas. Aunque durante algún tiempo abogó por la importación de africanos para reemplazar a los esclavos indígenas, se arrepintió a causa de la gran angustia moral que sufría. En su función de obispo de Chiapas ordenó que se le negara la absolución a los que insistían en tener esclavos. Este mandato le trajo tantos opositores en su diócesis que renunció al obispado. Las Casas se convirtió en uno de los primeros opositores de la esclavitud de cualquier raza.

Las Casas inspiró el trabajo de los teólogos españoles Francisco de Vitoria y Francisco Suárez, pioneros en la creación de una filosofía de los derechos humanos universales basados en la dignidad de la persona. El rey español, Carlos I, respondió al llamado para una reforma e instituyó nuevas leyes para proteger los derechos de los nativos. Los pontífices también respondieron y condenaron los esfuerzos de esclavizar a la población nativa. El Papa Pablo III en 1537 publicó su bula *Sublimis Deus* en la que denunció a aquellos que sostenían que "los habitantes de las Indias Occidentales y de los continentes del sur... deberán ser tratados como animales irracionales y usados exclusivamente para nuestro beneficio y servicio." El Papa declaró que "los indios, y también otros pueblos que la cristiandad llegue a conocer en el futuro, no deberán ser privados de su libertad ni de sus posesiones... aunque no fueran cristianos; por el contrario, deberán ser permitidos disfrutar de su libertad y posesiones." Más tarde el Papa Urbano VIII declaró que todo aquel que mantuviese esclavos indígenas sería excomunicado.[14]

Historias de evangelización

Durante quinientos años el Evangelio de Jesucristo ha venido influyendo en la vida de las Américas tratando de completar y llevar a su realización lo que es positivo en las culturas nativas y en las que han emigrado aquí, y también confrontando lo que es negativo. Las historias de los muchos evangelizadores—hombres y mujeres, clérigos, religiosos y laicos—que han laborado para difundir la Buena Nueva son numerosas y variadas. En la sección que sigue contamos sólo algunas de esas historias, no necesariamente las más importantes, sino las que ilustran el ámbito y profundidad del proceso evangelizador en nuestra historia. No trata de ser una lista de las voces más famosas ni de las mejores, sino más bien de voces notables que nos pueden inspirar hoy.

Cristóbal Colón

El año de 1992 marca medio milenio desde el viaje de Cristóbal Colón, hijo de una Europa en fermento y que se extendía en busca de nuevos recursos y rutas de intercambio con el Oriente. También era una Europa en la que el fervor misionero era grande. La España de Fernando e Isabel, según el Papa Alejandro VI escribió en 1493, "buscaba la manera de descubrir y llegar hasta ciertas islas y tierras firmes

---

14 Cf. Comisión Pontificia Justicia y Paz, *La Iglesia y el Racismo: Hacia una sociedad más fraternal* (Ciudad del Vaticano, 1988), p. 11.

remotas y desconocidas que no habían sido hasta entonces descubiertas por otros, con el fin de que ellos pudieran llevarlas a adorar a nuestro redentor y a profesar la fe católica."[15] El 12 de octubre de 1492 Colón plantó la cruz en tierra de América y la nombró San Salvador. Así empezó el proceso de la cristianización del hemisferio.

Colón tenía lazos estrechos con la orden franciscana y había sido influenciado por ideas sobre las misiones que estaban en boga en aquel tiempo. Esas ideas predecían que vendría una nueva era del Espíritu Santo caracterizada por celosos misioneros que llevarían el Evangelio a los no creyentes de todo el mundo.[16] En su segundo viaje y siguiendo las instrucciones de los Reyes Católicos "que en todo lo posible y de cualquier manera que puedas deberás procurar y trabajar para inducir a los habitantes de estas islas y tierras firmes a convertirse a nuestra santa fe católica," Colón vino acompañado por un grupo de religiosos, los primeros misioneros, a quien el Papa Juan Pablo II llamó "los artífices de esta admirable gesta evangelizadora."[17]

La explotación y eventual exterminación de los arauacos como resultado de la llegada de Colón, en gran parte inspirado por sus propios reportes, fue inexcusable. Se ha escrito mucho sobre las motivacio-

---

15 Alejandro VI, *Bula Inter Caetera* (May 4, 1493), en John Tracy Ellis, ed. *Documents of American Catholic History*, (Wilmington, Del.: Michael Glazier, 1987), 1:1.

16 Cf. Delano C. West, "Medieval Ideas of Apocalyptic Mission and the Early Franciscans in Mexico," *The Americas* 45 (Enero 1989): 293-313; Leonard I. Sweet, "Christopher Columbus and the Millennial Vision of the New World" *Catholic Historical Review* 72 (julio y octubre 1986), 369-382 y 715-716.

17 Juan Pablo II, "Mi visita, empresa de evangelización," (Discurso al llegar a la República Dominicana, 25 de enero de 1979) en *Palabras de Juan Pablo II en América* (Madrid: PPC, E. Jardiel Poncela), p. 10.

nes de Colón y su carácter que revelan un hombre complejo cuyos viajes a América estaban motivados por fuerzas que fluctuaban entre el interés propio y la piedad. Tanto en Colón como en la experiencia completa del encuentro entre los europeos y los pueblos de las Américas hubieron diversas motivaciones.

También fue complejo el proceso que permitió que la Palabra de Dios penetrara la vida de los pueblos que se vendrían a conocer como americanos. Las debilidades humanas coexistían con la virtud; la apertura con el prejuicio; la caridad con la injusticia. En medio de todo esto las semillas de la Palabra, sembradas de muchas formas, germinaron en los frutos del Evangelio. A través de los siglos miles de hombres y mujeres han llevado la Buena Nueva de Jesús a sus contemporáneos, curando enfermos, educando a los ignorantes y siendo testigos de la presencia de Cristo ante las culturas. Han habido clérigos, religiosos y laicos de diferentes razas y diferentes épocas que han sido motivados por el deseo común de evangelizar.

Los primeros misioneros españoles

España sobrepasó a todas las potencias coloniales en su gran esfuerzo por traer el Evangelio a las Américas. Los cientos de misioneros que vinieron a las nuevas tierras tenían en común el afán de aplicar el Evangelio a todos los aspectos de la vida. Luchando con soldados y otros colonizadores cuyo interés propio era mayor que su interés en el bienestar de los nativos, pero con entendimiento limitado sobre la integridad de las culturas nativas, los misioneros con frecuencia tomaron parte en la destrucción de aspectos valiosos de la vida americana nativa. Pero ellos también lucharon por servir las necesidades de la población nativa y combinaron la prédica de la fe con esfuerzos a grande escala para mejorar los cuidados médicos, la ingeniería, la agricultura y la educación mediante un elaborado sistema de misiones.

Esos esfuerzos empezaron temprano en la historia de nuestra tierra. En 1565 el sacerdote secular Francisco López de Mendoza Grajales inauguró la primera parroquia católica en el territorio que es ahora los Estados Unidos, en San Agustín, Florida y empezó a trabajar con los timucuanos de la Florida. El hospital Nuestra Señora de la Soledad, el primero en Norteamérica, abrió sus puertas en el 1599 también en San Agustín. Durante la segunda mitad del siglo XVII la intercesión de los frailes a favor de los derechos humanos de los nativos fue tan influyente que en dos ocasiones importantes dos gobernadores de la Florida fueron despedidos de su posición y encarcelados por orden de la Corona a causa de sus acciones en contra de los indígenas.[18] En el 1599 los frailes franciscanos que acompañaron la expedición colonizadora de Juan de Oñate establecieron iglesias en la parte norte de Nuevo México para servir a las nuevas comunidades de los colonos y proporcionar a los nativos que se habían convertido mejor educación, nutrición, agricultura y vivienda. Otro franciscano, el venerable Antonio Margil, laboró durante el inicio del siglo XVIII en Texas, fundando misiones en la región donde está San Antonio hoy día. Fray Margil estableció la primera Iglesia en Louisiana y caminó descalzo desde allí hasta Guatemala en un viaje extraordinario que tuvo como resultado la con-

---

18 Cf. Michael V. Gannon, "Defense of Native American and Franciscan Rights in the Florida Missions" (manuscrito).

versión a la fe de más de sesenta mil nativos.

En el siglo XVII, Eusebio Francisco Kino, jesuita misionero en Sonora y Arizona, preparó el terreno para la conversión y transformación de cientos de miles de habitantes nativos del desierto. El Padre Kino estableció rutas terrestres hacia la lejana California e inspiró la creación del Fondo Piadoso de las Californias. Su inquebrantable amor por la gente es reconocido todavía por las generaciones de peregrinos que visitan su tumba en Sonora, donde murió en el 1711. La costa superior de California fue el terreno para el trabajo de uno de los más incansables misioneros franciscanos, el beato Junípero Serra. Entre el 1769 y el 1784 fundó nueve de las famosas misiones de California que se extienden desde San Diego hasta la Gran Bahía de San Francisco. El celo de Serra por la conversión de almas ha servido hasta nuestros días para inspirar vocaciones religiosas.

Juan Diego y los hispanos americanos: la historia de Nuestra Señora de Guadalupe

El proceso mediante el cual el cristianismo se convirtió no sólo en la religión de los invasores sino en el preciado tesoro de los pueblos nativos y de los muchos pueblos mestizos descendientes de españoles y nativo-americanos, se simboliza claramente en la historia de Nuestra Señora de Guadalupe. Según una antigua tradición, el indio campesino Juan Diego recontó su visión de la aparición de la Virgen María en Tepeyac en 1531. Relató cómo María se apareció en el sitio donde había un templo en honor de la diosa virgen y madre Tonantzin, venerada por los nativos. En la imagen de la aparición, el cuerpo de María ocultaba los rayos del sol que brillaban a su alrededor simbolizando que era superior al dios sol. Para simbolizar que era superior a la diosa luna, María estaba parada sobre la luna. Pero María no se parecía a una diosa guerrera sino a una joven mestiza. Vestía un cinturón negro que indicaba que estaba encinta. Era hermosa y compasiva y prometió proteger y liberar a Juan Diego en un momento de dificultad y desolación. Ella hizo posible que él y los pueblos nativos soportaran, a la luz de la fe, los sufrimientos, las injusticias deplorables y las humillaciones. Al presentarse como una de ellos, los dirigió hacia uno que era superior a ella: a su hijo Jesús, al Cristo en quien reside todo el poder de la divinidad. Al partir, ella dejó en la tilma de Juan Diego su imagen. María, la Madre de Dios, el símbolo de la Iglesia, por cuya mediación Cristo vino al mundo, quedaba así representada en materiales nativos cultivados en las colinas de México y formados por las manos de la gente de esa tierra. La devoción a Nuestra Señora de Guadalupe que surgió, (promovida por la beatificación reciente de Juan Diego) muestra muy claramente cómo el Evangelio fue capaz de encontrar formas de expresión propias de las culturas a que iba dirigido. Las contribuciones de los indígenas e hispanos que han seguido en las huellas de Juan Diego han enriquecido a muchos y han permitido que todos entendamos el mensaje de Cristo y lo expresemos con mayor profundidad.[19]

Andrew White y los jesuitas de Maryland

No fue sólo en los dominios de España que florecieron las misiones. Los jesuitas ingleses tomaron

---

19 Cf. *Gaudium et Spes*, 58.

parte en los primeros esfuerzos de Lord Baltimore de fundar una colonia en el área de la Bahía de Chesapeake.

El misionero jesuita Andrew White y otros dos misioneros viajaron en dos barcos de Lord Baltimore, el Arca y la Paloma en el 1633. White describió la travesía así: "El primer y más importante designio del tan ilustre Barón no es el de plantar frutos y árboles en una tierra tan fértil, sino el cómo sembrar las semillas de la religión y la piedad ... ¿Quién puede dudar que de tan maravilloso trabajo miles de almas podrán ser conducidas a Cristo?"[20] White creó un catecismo en el idioma piscataway, y también una gramática y un diccionario. Los misioneros tuvieron muchos logros entre los anacostios y los piscatawayos a pesar de la persecución, por parte de los protestantes de Virginia, de los misioneros católicos y de la merma de misiones en las décadas siguientes.

La presencia católica en Maryland vino a ser parte inseparable de la historia de esta tierra. Esa presencia trajo consigo la tolerancia religiosa y brevemente hizo que Maryland se convirtiera en la primera colonia donde los ciudadanos tenían la libertad de practicar su religión sin sufrir la persecución del estado.

Los evangelizadores en la Nueva Francia y Maríe de la Encarnación

En Nueva Francia también, el Evangelio acompañó a la colonización y la exploración. Los grandes valles de los ríos San Lorenzo y Mississippi se cons-

---

20 "Narración de un viaje a Maryland (1634)," en Robert Emmett Curran, ed. *American Jesuit Spirituality* (New York, Paulist Press, 1988), p. 47.

tituyeron en centros de la presencia francesa en Norteamérica. Los misioneros franceses jesuitas Pierre Baird y Ennemond Mass empezaron su trabajo en Port Royal, Nueva Escocia en 1608. Desde allí ellos llevaron el Evangelio a los nativo-americanos por toda Nueva Inglaterra. El Padre Baird celebró la primera Misa en Nueva Inglaterra el 1ro. de noviembre de 1611 en una isla frente a la costa de Maine. Hacia el oeste, Jacques Marquette combinó su entusiasmo por explorar con sus esfuerzos por evangelizar. Después de cuatro años de trabajo misionero en la parte superior de los Grandes Lagos se unió al explorador Louis Joliet en un viaje en canoa de 4,000 kms. por el Mississippi. Fundó la misión de la Inmaculada Concepción de la Bienaventurada Virgen en Kaskaskia a orillas del río Illinois, en 1674.

Una parte importante de esa evangelización fue su preocupación por la educación de la juventud. Durante los años del 1650 Maríe de la Encarnación formaba parte de un pequeño grupo de Hermanas Ursulinas que habían venido de Francia para trabajar con los hijos de los nativos y de los colonizadores franceses. Su escuela para niñas fue uno de los primeros esfuerzos para evangelizar a los pueblos nativos de Norteamérica por parte de una comunidad de religiosas. Maríe abandonó las comodidades de su familia y su hogar en Europa para viajar a la colonia fronteriza de Quebec. Después de arriesgar su vida en la travesía del Atlántico que duró tres meses, ella contó su encuentro con la gente que había venido a servir: "gracias a la bondad de Dios, nuestra vocación y nuestro amor por los nativos nunca han disminuido. Los llevo en mi corazón y trato con mucha suavidad y mediante la oración de ganarlos para el cielo. Llevo siempre en mi alma el deseo constante de dar mi vida por su salvación."[21]

En efecto, el martirio fue una terrible realidad para algunos de los primeros evangelizadores. No todos los pueblos nativos dieron la bienvenida a los misioneros o vieron en el cristianismo una fe y modo de vida complementarios con los de ellos. En 1542 el valeroso fraile franciscano Juan de Padilla, quien acompañó la expedición de Coronado, fue martirizado probablemente cerca de Quivira, en las praderas de Kansas, donde él vivía con los nativos, Este hecho lo convirtió en el primer mártir de Norteamérica. Los frailes dominicos españoles los Padres Luis Cáncer y Diego de Tolosa y el Hermano Fuentes fueron martirizados en la Florida en el área de la Bahía de Tampa en el 1549. El jesuita Juan Bautista Segura perdió su vida en Virginia en el 1571. Otros seis jesuitas, conocidos como los Mártires de Norteamérica, ofrendaron sus vidas en la diseminación del Evangelio. Entre ellos está Isaac Jogues que celosamente sirvió al pueblo Hurón y murió a manos de una tribu vecina en el 1646 en lo que es ahora Auriesville, New York.

Beata Kateri Tekakwitha

La Palabra que trajeron los primeros misioneros a los pueblos de Norteamérica produjo ricos frutos que son muy evidentes en la vida de la Beata Kateri Tekakwitha. Kateri nació en 1656 en la villa de Ossernenon (en el área que es ahora la parte superior del estado de Nueva York). Quedó huérfana de pequeña, y cuando tenía 20 años se convirtió a la fe cris-

---

21 "Relation of 1654," en Irene Mahony, ed. *Marie of the Incarnation* (New York: Paulist Press, 1989), p. 139.

tiana mediante el ministerio de un jesuita francés. Su nueva fe le trajo abusos y el rechazo de su familia y de su tribu. Un año más tarde se escapó de su villa y caminó más de 300 kms. en la nieve hasta llegar a un pueblo indígena cristiano, cerca de Montreal, donde recibió la Eucaristía por primera vez. Allí se dio a conocer por su vida de gran caridad compartiendo su fe y trabajando a beneficio de su nueva comunidad hasta su muerte en 1680, a la edad de 24 años.

La evangelización y los afro-americanos

La llegada del Evangelio a América involucró no sólo a los pueblos europeos y a los nativos, sino también a los pueblos de otro gran continente parte del mundo del Atlántico: el África. En la época del primer viaje de Colón, Europa estaba manifestando un renovado interés en el África. La necesidad de mano de obra para las colonias americanas dio origen, en el siglo siguiente, al tráfico de esclavos que entrelazó a los tres continentes durante el período colonial. Durante gran parte de esa época, los africanos constituyeron un número considerable de la población de las colonias.

Al igual que en el caso de los nativo-americanos, hubo muchos seguidores de Cristo que, no queriendo reconocer la imagen de Dios en los africanos, los esclavizaron y los trataron como objetos de su propiedad. La injusticia cometida en contra de los africanos fue profunda y deplorable.

A pesar de la opresión, hubo evangelizadores que trataron de servir a sus hermanas y hermanos negros. Alonso de Sandoval trabajó sin descanso durante la primera mitad del siglo XVII evangelizando esclavos en la travesía desde el África a las Indias Occidentales. Sus escritos están entre los primeros que alertaron a los europeos sobre los horrores del tráfico de esclavos. Mediante su ejemplo el jesuita San Pedro Claver inició su labor como sacerdote y médico que resultó en la conversión de más de 300,000 esclavos al cristianismo.

El Evangelio echó raíces y produjo fruto entre los afro-americanos. El mulato peruano San Martín de Porres, de padre español y madre africana, se ha convertido en fuente de inspiración para los afro-americanos y los católicos de muchos países y razas a causa de su santidad y su dedicación a servir a los pobres, a los enfermos y a los huérfanos. En la Florida, el ex-esclavo Francisco Menéndez logró con sus esfuerzos fundar el primer poblado de negros libres en lo que es hoy día los Estados Unidos, y que se llamó Gracia Real de Santa Teresa de Mose. Al principio del siglo XIX, en Nueva York, Pierre Toussaint, quien en vida tuvo ya fama de santo, trabajó para evangelizar y servir a sus compatriotas haitianos y hermanos negros, refugiados franceses, como también a los que no tenían vivienda y a los enfermos de todas las razas y condiciones. Las mujeres afro-americanas católicas también jugaron un papel importante en la vida de la Iglesia en los Estados Unidos. La Madre María Elizabeth Lange fundó las Hermanas Oblatas de la Providencia en 1829, la primera congregación de religiosas afro-americanas. Las Hermanas Oblatas trabajaron para evangelizar y educar a los afro-americanos, dirigiendo escuelas y orfanatos en Maryland. En 1842 Henriette Delille y Juliette Gaudin iniciaron las Hermanas de la Sagrada Familia en Nueva Orleans, sirviendo a los enfermos y a los pobres entre la comunidad afro-americana y llevando la Buena Nueva a los necesitados.

Santa Elizabeth Seton

Las personas que se han convertido al catolicismo representan uno de los mayores recursos para la Iglesia de los Estados Unidos. Ninguna sobresale tanto como Elizabeth Seton, la primera persona oriunda de los Estados Unidos en ser canonizada. Elizabeth nació en 1774 en Nueva York, y se crió como una anglicana devota. Esposa y madre de cinco hijos fue recibida en la Iglesia católica después de la muerte de su esposo. Al escribir luego a una amiga no católica ella contaba de su vida: "Y sobre mi manera de vida, cada día aumenta mi interés en ella. Y sobre esa religión que piensas es un error, una locura, un fanatismo o superstición, etc., la encuentro una fuente de consuelo."[22] Su amor por el Evangelio y su interés en la educación de los niños la llevó a abrir una escuela para niñas en Baltimore en 1808. Con el apoyo del Arzobispo John Carroll of Baltimore ella fundó una comunidad de mujeres para instruir a niños pobres. Las Hermanas de la Caridad fue la primera comunidad para religiosas fundada en los Estados Unidos y su labor estuvo a la vanguardia del movimiento de escuelas parroquiales.

Pierre DeSmet y el noroeste

La expansión hacia el oeste americano trajo nuevas olas de esfuerzos misioneros a la costa del Pacífico. Los líderes de varias tribus de nativos habían pedido durante algunos años a los de "la túnica negra" que fueran a enseñarles sobre "el sitio

---

22 A Julia Scott, 24 de julio de 1817, en A. Melville y E. Kelly, eds. *Elizabeth Seton* (New York: Paulist Press, 1987), p. 61.

dónde habita el Gran Espíritu." Finalmente, en el 1840, el Padre Pierre Jean DeSmet, misionero jesuita belga, viajó desde San Luis a lo que es hoy el oeste de Wyoming donde lo recibieron unos 1,800 nativo-americanos que eran miembros de las tribus Flathead, Nez Perce y Pen d'Oreille. Más tarde junto con el Padre Modest Demers y Francis Blanchet, el inició un extenso programa evangelizador para toda la región del noroeste incluyendo Idaho, Oregon y Washington. Las naciones nativas del norte lo consideraban un amigo muy querido y de mucha confianza, y el gobierno de los Estados Unidos recurrió a él con frecuencia para redactar tratados de paz. Los logros de su trabajo misionero constituyen una de las campañas evangelizadoras más creativas en la historia de la Iglesia en los Estados Unidos.

Félix Varela

La habilidad de los evangelizadores de adaptarse a situaciones nuevas es una parte importante de la historia del Evangelio en nuestro hemisferio. Esa cualidad es bien evidente en la vida de Félix Varela quien nació en 1788, en Cuba. Durante los primeros 35 años de su vida trató de diseminar la Buena Nueva en su tierra nativa mediante la enseñanza en el área de la filosofía y de la política. Se convirtió en figura central de un movimiento para introducir una nueva forma de gobierno que diese mayor autonomía nacional a Cuba. A causa de su participación en este movimiento se vió forzado a huir de los dominios españoles para salvar su vida. En su papel de exilado de su propia tierra llegó a la ciudad de Nueva York en 1823 y allí buscó la manera de continuar el trabajo evangelizador de toda su vida. Su extraordinaria carrera como sacerdote y periodista se extendió durante 30 años. Fue nombrado vicario general de la diócesis de Nueva York y sirvió a los emigrantes irlandeses. Editó *El Habanero*, una revista para exilados cubanos y participó en los primeros esfuerzos entre católicos para producir revistas en inglés y español. Durante su vida fue un campeón incansable de la libertad humana y de la compatibilidad del catolicismo con la sociedad democrática libre.

Isaac Hecker

Desde el tiempo colonial hasta hoy los católicos de los Estados Unidos se han preocupado por la pregunta de cómo se encarna el Evangelio en una cultura específica. Durante el siglo XIX, Isaac Hecker se entregó más que nadie a examinar a fondo la manera en que el catolicismo debe interpelar la cultura de los Estados Unidos. En 1858 él fundó la primera sociedad de sacerdotes norteamericanos, la Sociedad Misionera de San Pablo Apóstol. En su juventud en una comuna transcendentalista de Brook Farm en West Roxbury, Massachusetts, él formuló la idea de que el catolicismo podría atraer a los no católicos que buscasen una religión que llenase sus aspiraciones espirituales y las exigencias de la razón. El Padre Hecker estaba convencido de que el catolicismo era la religión que mejor se adaptaba a la nueva república y que los católicos, gracias a su tradición, poseían los medios necesarios para construir una sociedad más justa. Esta convicción lo llevó a desarrollar nuevos métodos para evangelizar, utilizando medios publicitarios masivos para la diseminación de revistas y libros, así como también innovadoras conferencias públicas para llegar a los no-católicos. Su visión de cómo evangelizar la cultura fue motivo de inspiración para muchos, incluyendo el Cardenal James Gibbons, Arzobispo de Baltimore y Monseñor John J. Burke, CSP, el primer secretario general de la National Catholic Welfare Conference (Ahora la Conferencia Nacional de Obispos Católicos).

Santa Philippine Rose Duchesne y la Beata Katharine Drexel

En el curso de 500 años muchas personas han sido inspiradas por el Evangelio a despreciar una vida de comodidad para servir a los menos afortunados. Muy pocas de esas personas tienen tanta relevancia para nuestros días como Santa Philippine Rose Duchesne y la Beata Katharine Drexel.

Philippine Rose Duchesne nació en 1769 en una familia de la alta sociedad en Grenoble, Francia. Su padre era un abogado prominente y miembro del parlamento. Ella se crió en medio de privilegios en el hogar palaciego de la familia en la Grande Rue. Pero su deseo de servir a Cristo y a los pobres hizo que se uniera a las Hermanas de la Visitación a los 19 años. Cuando se vio forzada a dejar el convento a causa de las fuerzas anticlericales de la revolución francesa, regresó a Grenoble donde hizo obras de caridad hasta que, en 1804, pudo unirse a la recién fundada Sociedad del Sagrado Corazón. Bajo su liderazgo, un grupo de esa congregación se embarcó para los Estados Unidos en 1818 y aquí empezó a trabajar con las jóvenes. Durante los 34 años que siguieron ella fue responsable del establecimiento de seis escuelas a lo largo del Mississippi. Uno de sus últimos años lo pasó viviendo entre los potawatomis de Kansas.

Katharine Drexel nació en 1858, hija del rico banquero de Philadelphia, Francis Drexel. Abandonó su vida de lujo para trabajar con dos grupos de estadounidenses que habían sufrido enormemente: los negros y los nativos. Ella donó grandes sumas de su propio dinero para fundar escuelas en las reservaciones indígenas para educar niños y preparar maestros. En el 1891, después de un tiempo con las Hermanas Mercedarias, fundó las Hermanas del Santísimo Sacramento para Indígenas y Gente de Color. Estableció 63 escuelas a lo largo de su carrera, una de las cuales se convirtió en la Universidad de Xavier en Nueva Orleans, la primera universidad para afroamericanos en los Estados Unidos.

San John Neumann

Disturbios económicos, políticos y religiosos en Europa durante el siglo XIX causaron la migración de miles de católicos—armenios, checos, alemanes, irlandeses, italianos, lituanos, polacos y otros—a quienes siguieron párrocos fieles y miembros de comunidades religiosas. Se establecieron en las ciudades y en las fronteras distantes y sentaron la base para el crecimiento de la Iglesia católica.

San John Nepomucene Neumann, un seminarista emigrante de Bohemia, se ordenó para trabajar entre los emigrantes alemanes de Nueva York. Después de trabajar con gran fervor como sacerdote diocesano y luego como miembro de los Redentoristas, continuó su apostolado en la capacidad de Obispo de Philadelphia sirviendo a comunidades de inmigrantes y estableciendo escuelas parroquiales hasta su muerte en 1860.

Santa Frances Xavier Cabrini

El crecimiento de las ciudades durante el fin del siglo XIX en los Estados Unidos creó necesidades especiales de evangelización. Multitudes de nuevos inmigrantes se encinaban en las áreas metropolitanas que carecían de infraestructura para atender a sus necesidades. Frances Xavier Cabrini, italiana fundadora de las Hermanas Misioneras del Sagrado Corazón, vino a Nueva York en 1889 donde trabajó entre los inmigrantes italianos, estableciendo orfanatos, escuelas, clases para adultos sobre doctrina cristiana y el Hospital Columbus. Su trabajo se expandió a otras ciudades de los Estados Unidos y alcanzó a miles más.

El siglo veinte

El trabajo de evangelización ha continuado también en este siglo. Cada generación ha puesto en prueba la voluntad y creatividad de los que han tratado de diseminar la Buena Nueva. El llamado del Evangelio a penetrar todos los aspectos de la vida humana ha sido escuchado por muchos en nuestros días. Aquí sólo podemos resaltar los valiosos esfuerzos de personas como Dorothy Day y Peter Maurin para evangelizar la sociedad trabajando por la dignidad de los pobres. Otros, tales como el fundador de los Cristóforos el Padre James G. Keller, trataron de diseminar el Evangelio por las calles estimulando a los católicos a ser testigos de su fe por medio de sus acciones. Evangelistas como Frank Sheed y el Arzobispo Fulton J. Sheen usaron los nuevos medios de comunicación para llevar a muchos el mensaje de Cristo. Thomas Merton con su vida recluida del mundo, pudo acercarse a miles con sus escritos. El Padre Thomas Price y el Padre James Anthony Walsh, fundadores de Maryknoll, se dedicaron a la creación de nuevas sociedades misioneras para diseminar la Palabra. Líderes tales como el fundador de Glenmary William Howard Bishop llevaron la Buena Nueva a los pobres en áreas rurales de los Estados Unidos. La Hermana Thea Bowman, con sus esfuerzos educativos y litúrgicos para evangelizar a sus hermanos afro-americanos y dar a conocer mejor sus talentos para que fuesen apreciados, ha jugado un gran papel en la continua evangelización de nuestra cultura. La Hermana Benitia Vermeersch fundó las Catequistas Misioneras de la Divina Providencia en la década de 1930 en Houston, Texas, la primera comunidad religiosa de mujeres méjico-americanas para responder a las necesidades de los hispanos en su propio idioma y cultura. Desde su fundación en el 1905, por el Padre Francis Clemente Kelley, la *Catholic Church Extension Society* ha sido una fuente vital de energía para evangelizar en las misiones rurales pobres de los Estados Unidos. Movimientos como el del *Grail*, dirigido en este país por Lydwine van Kersbergen y Joan Overboss, trataron de llegar especialmente a las mujeres para traerles una nueva visión de cómo ser apóstol en el mundo de hoy. El mensaje sanador del Evangelio también llegó al área de las relaciones inter-raciales en el testimonio de personas como Catherine de Hueck Doherty, fundadora del movimiento de la Casa de Amistad. Todos estos evangelizadores del siglo XX fueron capaces de encarnar parte del mensaje de salvación y de vivirlo en su mundo con relevancia al momento en que vivían.

Además de esos que son bien conocidos por su trabajo, millones han pasado la fe de una generación a otra dentro de la familia. El crecimiento meteórico de la Iglesia en este país se debe en gran parte a la migración masiva de fieles católicos del rito romano y del oriental, que han conservado su fe y la han trasmitido a sus hijos. La fe trajo consigo las diferentes culturas étnicas que la alimentaron, culturas que en muchos aspectos han sido moldeadas por siglos de fe cristiana. Las historias de estos evangelizadores de la familia—padres e hijos, abuelos y padrinos—necesitan ser recordadas y relatadas en este momento de conmemoración. Cada familia, cada parroquia, cada grupo étnico y regional de la Iglesia tiene sus recuerdos especiales que pueden ser fuente de esperanza e inspiración para una nueva generación de creyentes.

Nuevo compromiso mediante la evangelización

Al reflexionar en nuestro pasado con nuevo entendimiento de nosotros mismos podemos dirigirnos a los retos del presente. Recientemente la Iglesia ha experimentado una nueva conciencia de la importancia de la evangelización en su vida y su misión. Ha tratado de responder a estas preguntas: ¿Qué ha pasado con la energía interna de la Buena Nueva que tanto inspiró a los cristianos del pasado? ¿Hasta qué punto y de qué manera es esa fuerza evangelizadora capaz de transformar realmente nuestro mundo de hoy?[23]

Proclamamos la Buena Nueva que es primero que todo, la revelación de que el Dios creador todopoderoso es el padre amoroso de cada uno de nosotros, que "...tanto amó al mundo que dio su Hijo único

---

23 *Evangelii nuntiandi*, 4.

para que todos los que crean en él no se pierdan, sino que tengan vida eterna."[24] La base, el centro y la cumbre de la Buena Nueva es la proclamación de que en Jesucristo la salvación se ofrece como regalo de la gracia de Dios y de su misericordia. Estamos llamados a responder personalmente a esa gracia y misericordia de Cristo. Se nos insta a experimentar una renovación interior total, un profundo cambio de mente y corazón que nos lleve a una vida vivida con el espíritu de las bienaventuranzas. La salvación de Cristo excede los límites de este mundo y se completa en la unión eterna con Dios en el cielo. La Buena Nueva del Evangelio revela que Cristo envió su Espíritu Santo entre nosotros, que nos ha dado la Iglesia mediante la cual somos llamados a tener una relación personal con él para sentir y vivir el camino de vida de su Reino, para celebrar la Eucaristía, recibir instrucción, guía y gracias sacramentales que permitirán la realización de nuestra búsqueda de Dios y nos llevarán a la felicidad eterna del cielo.

Por medio de la Escritura y la tradición, Jesús ha enriquecido a su Iglesia con la plenitud de sus enseñanzas.[25] A la Buena Nueva del Evangelio le atañen todos los aspectos del quehacer humano. Proclama los derechos y las responsabilidades de cada ser humano. Se dirige a la vida familiar y a la vida en sociedad llamándonos a luchar por la paz y la justicia y por el avance auténtico de la humanidad.[26] Habla de la dignidad del trabajo, de todos los esfuerzos humanos que son destinados a complementar la acción creativa de Dios para servir a la comunidad humana. Nos insta a transformar todos los aspectos

---

24 Juan 3:16.
25 *Lumen gentium,* 8.
26 *Evangelii nuntiandi,* 25-39.

de la esfera del trabajo a la luz del Evangelio. Ser evangelizado significa abrazar la Buena Nueva. Significa una conversión de corazones que empieza con la nuestra propia ya seamos clérigos, religiosos o laicos.

Evangelizar significa acercarnos con la compasión de Cristo a los alienados de nuestra Iglesia, reconciliando el gran número de personas que han sido separados del Señor por el materialismo, la secularización y el hedonismo contemporáneos, y los que han sido ofendidos por los fracasos y la insensibilidad de las comunidades cristianas. También incluye buscar a los que no tienen Iglesia y que no comparten la plenitud de nuestras bendiciones como miembros de la Iglesia del Señor Jesús.

Cuando hablamos de evangelizar hablamos de urgir, no sólo a los individuos, sino también a la sociedad en general a que cambien. Estamos hablando del poder de Dios para transformar las culturas, para renovar las relaciones políticas, económicas, eclesiales y humanas.

Hoy, cinco siglos después de la llegada del Evangelio a América, nuestra tierra necesita todavía el poder transformador de Jesús. El 1992 presenta a los católicos de los Estados Unidos la oportunidad de reflexionar sobre las presentes necesidades a la luz de los ejemplos inspiradores que nos han dejado los evangelizadores de otras épocas y de volver a comprometernos a la tarea de evangelizar nuestro continente. El Papa Juan Pablo II nos ha pedido que ahora no es el momento para dejarnos paralizar por los males del pasado o de mirar con nostalgia hacia una edad de oro, sino de "aprender de los errores del pasado y trabajar juntos en la reconciliación y la sanación."[27]

Un aspecto esencial de esa sanación tiene que incluir esfuerzos de reconciliación con los pueblos nativos y los afro-americanos, mestizos y mulatos para muchos de los cuales el encuentro que conmemoramos fue y sigue siendo tan doloroso.

Pero la sanación de que hablamos no es sólo de los efectos de la represión y el racismo, sino también una sanación de los efectos del pecado en todas sus facetas. Cristo vino para que nosotros—en nuestras vidas sociales e individuales—podamos tener una vida abundante, libre de la esclavitud al mal.

Los retos y oportunidades de los evangelizadores de hoy

El mundo del 1992 en que el evangelizador de hoy rinde sus servicios presenta diferentes retos y oportunidades que en los tiempos de Colón. El evangelizador de hoy confronta serios problemas. Entre estos están los problemas dentro de nuestro propio hogar de fe a los que no se les puede quitar importancia. Entre las hermanas y hermanos católicos hay más de 17 millones de personas no practicantes. Muchos están insuficientemente instruidos y son indiferentes a la fe. El afán proselitista de algunas iglesias no católicas atrae a muchos, especialmente hispanos.[28] Solamente un dos por ciento de católicos

---

27 Juan Pablo II, "Meeting with Native Americans," p. 110.

28 Se entiende por proselitismo las actitudes y acciones inapropiadas en la práctica del testimonio cristiano. El proselitismo abarca todo aquello que viola los derechos de la persona, cristiana o no-cristiana, de estar libre de toda coerción externa en asuntos religiosos, o todo aquello, en la proclamación del Evangelio que no está en conformidad con la manera que Dios usa para atraer a personas libres hacia sí en respuesta a su llamado

dice que participan personalmente en esfuerzos evangelizadores y sólo una de cada tres parroquias tiene un programa de evangelización. El número de sacerdotes y religiosos ha disminuido. Es algo alarmante que, según una encuesta reciente, sólo un 49 por ciento de los católicos entrevistados dijo que valoriza dar ayuda a personas necesitadas, lo cual es un porcentaje mucho menor al de otros grupos cristianos.[29]

Más allá de esos problemas especiales dentro de nuestra propia comunidad, hay fuerzas enormes que afectan a la sociedad en general y crean la necesidad urgente del poder sanador del Evangelio. Las pautas que rigen muchas áreas de la educación, la salud y los servicios públicos reflejan valores en conflicto con el Evangelio. Esfuerzos para reorientar los recursos hacia las necesidades humanas tales como los esbozados en la Carta Pastoral de los Obispos de los Estados Unidos *Justicia económica para todos: Carta pastoral sobre la enseñanza social católica y la economía de los Estados Unidos,*[30] son resistidos por muchos sectores.

Nuestro sistema de educación pública no logra, muchas veces, desarrollar en los estudiantes una conciencia de las responsabilidades morales y éticas de sus carreras profesionales. El concepto del servicio por el bien público ha sido reemplazado con una atmósfera de manipulación egoísta y de avaricia. Esto

---

a servir en espíritu y en verdad. Cf. *Ad gentes,* 6, 15; y Consejo Mundial de Iglesias "Acción Unida para la Misión," (Asamblea de New Delhi, 1961).

29 George Gallup, Jr. y James Castelli, *The American Catholic People* (Garden City: Doubleday, 1987), pp.1-9.

30 National Conference of Catholic Bishops, *Justicia Económica para todos: Carta pastoral sobre la economía de los Estados Unidos* (Washington, D.C.: USCC Office for Publishing and Promotion Services, 1986).

es evidante en los escándalos de fraudes masivos en Wall Street y en algunas agencias del gobierno federal.

Los sistemas modernos de comunicación de la prensa y los medios electrónicos a veces abandonan su papel educativo responsable y contaminan nuestra cultura al opacar la Buena Nueva del Evangelio con la proclamación de malas noticias: el mensaje confuso, divisorio y debilitante de la secularización. Al hacer propaganda a la adquisición desordenada de lo material y al socavar la comunicación familiar y el diálogo entre personas, los medios de comunicación a veces contribuyen a que la gente se sienta solitaria y se vuelva indiferente. Las artes a veces son víctimas de las mismas tentaciones atrayendo los instintos lascivos y bajos en vez de promover la dignidad de hombres y mujeres.

La estructura de la vida en familia ha ido cambiando dramáticamente, muchas veces afectando traumáticamente a los cónyuges y a los hijos, a la sociedad y a la comunidad de fe.

Sin el Evangelio, la vida moderna con su premura, eficiencia y velocidad, sus cambios constantes y la aglomeración en las ciudades, a veces ha dado como resultado miseria, aumento de violencia, controversia y tensión. La humanidad está sufriendo de confusión, duda de sí e incertidumbres sobre valores fundamentales. Pragmatismo, materialismo y consumismo son los credos del momento. Ha mermado el sentido de los valores morales, hay temor, falta de esperanza y una creciente falta de respeto por la ley y por la vida.

El evangelizador confronta el problema de la indiferencia hacia los asuntos religiosos. El relativismo hace que muchos se pregunten si es posible respetar alguna verdad como sagrada. Con esas fuerzas de nuestra época ha venido el crecimiento de una forma extrema de individualismo que no ve la necesidad de pertenecer a una comunidad de fe ni de medir nuestras ideas en base a la Tradición.

Señales de esperanza

A pesar de los obstáculos y serios problemas que confrontamos, los católicos de los Estados Unidos poseen los recursos y la fuerza para que la evangelización efectiva responda a los retos presentes, tal vez hasta un punto que no había sido posible antes. Hoy día, los católicos constituyen el 28 por ciento de la población de los Estados Unidos lo que equivale a la denominación religiosa más grande del país. Para mediados del próximo siglo, se presume que, por primera vez en nuestra historia, los católicos constituirán una proporción mayor de la población que todos los otros cristianos juntos. Los católicos de hoy están presentes en todos las esferas económicas y educativas de nuestra sociedad, incluso las más altas. Católicos que asisten a la universidad representan un porcentaje mayor que el que representan en el resto de la población. Esto parece indicar que aumentarán sus ingresos, su influencia y educación. Nuestra juventud, con creciente frecuencia, es católica. Una tercera parte de los adolescentes en los Estados Unidos son católicos y el 29 por ciento de los ciudadanos de este país menores de treinta años, son católicos.

Desde los comienzos de la nación, las escuelas católicas han sido una fuente de fuerza para los católicos y la comunidad en general, incluyendo las minorías. Hoy, escuelas católicas primarias y secundarias, son lugares donde el aprendizaje para servir a Dios y a la humanidad continúa y donde la juventud se forma religiosa e intelectualmente y se les prepara para enfrentarse a los retos del mañana. A esa red de escuelas se suman más de 250 escuelas superiores y universidades que se esmeran en proporcionar desarrollo religioso, moral e intelectual a sus estudiantes. Fuera de las escuelas, programas efectivos de catequesis ayudan a niños, jóvenes y adultos a crecer en su fe.

Durante casi cinco siglos, los católicos han tenido un papel de liderazgo en el sistema de salud pública de nuestra nación. Empezando con el primer hospital de San Agustín, siguiendo con los esfuerzos de expansión de las religiosas en el siglo XIX, hasta los complejos centros de hoy, los católicos han dado testimonio del Evangelio cuidando de los enfermos y siendo testigos de la compasión del Señor y del valor de la vida humana.

Muchos católicos ahora desempeñan funciones importantes en la vida cultural, económica y política de la nación y están en una posición muy favorable de influir en los asuntos de este país de manera que era imposible anteriormente. Mediante decisiones impregnadas con los valores del Evangelio, los católicos pueden trabajar con otras personas de buena voluntad para construir una sociedad de compasión, justicia y libertad para todos.

Más allá de esas ventajas materiales, el catolicismo posee ciertos puntos fuertes que lo capacitan para responder a la búsqueda espiritual de nuestra cultura contemporánea. En el pasado, observadores prescientes del catolicismo en los Estados Unidos comentaron sobre el poder de nuestra religión de proporcionar a nuestra sociedad muchas influencias necesarias. Orestes Brownson, escribiendo en el siglo pasado pensó que en los Estados Unidos era donde mejor se podía crear una mezcla apropiada de libertad individual y orden público. Su posición era que los ciudadanos de los Estados Unidos con un gran aprecio por la libertad individual necesitaban aprender del catolicismo los valores de una tradición que ha transmitido en el curso de la historia la sabiduría compartida y la experiencia acumulada de la humanidad. Si falta el aprecio por el pasado, la gente tiene que descubrir de nuevo por sí misma la conducta correcta y prudente en cada situación—una responsabilidad que pocos pueden asumir. Es esencial, según él, que la gente reconozca los lazos orgánicos que nos atan unos a otros y también a las incontables generaciones que nos han precedido.[31]

En este siglo, John Courtney Murray abrió el camino para la exploración de las implicaciones de la tesis de los Estados Unidos que da a la Iglesia libertad dentro de las leyes. Parte de su programa estribó en un esfuerzo por promover la participación católica en actos creadores de cultura dentro de la sociedad capaces de transformarla en armonía con los valores cristianos.[32] Brownson y Murray creían que el catolicismo es una tradición amplia que combina en sí un aprecio sano y balanceado por el individuo y la comunidad, por el cambio y la continuidad. Era esa naturaleza amplia, esa sabiduría, esa dimensión tácita de conocimiento moral lo que un pueblo podría aprender si se expusiera al pensamiento católico. En el encuentro con la tradición viva de la Iglesia, una tradición que es también afirmadora y renovadora del individuo, los ciudadanos de los Estados Unidos podrían aprender lecciones importantes.

En nuestro tiempo, muchas personas de todos los

---

31 Cf. Orestes Brownson, *The American Republic* (New York, P. O'Shea, 1865).

32 Cf. John Courtney Murray, *We Hold These Truths* (Garden City: Doubleday, 1964).

sectores políticos y teológicos han hecho un llamado para definir nuevas fórmulas que aclaren la relación entre lo público y lo privado. Hay un nuevo interés por el bien común, una nueva búsqueda para hallar la manera de conservar la sabiduría del pasado y de combinarla con las innovaciones del momento, y una realización de la insuficiencia de las soluciones presentes. Muchos andan en búsqueda de nuevas maneras de hablar de los valores y de la virtud. En este clima, el catolicismo de los Estados Unidos tiene mucho que ofrecer porque incorpora la tradición dinámica de los apóstoles en una tierra comprometida con la libertad y la dignidad humana.

Desde los primeros momentos del encuentro entre los pueblos de este hemisferio y Europa, los católicos han tratado de hacer visible la conexión entre la conversión de corazón del individuo y la responsabilidad de la sociedad de buscar el bien común. La Iglesia de nuestro país ha desarrollado una tradición de insistir que la relación entre la fe y la búsqueda de un orden social más justo es parte integral del llamado del Evangelio. Durante la conmemoración mundial del centenario de la encíclica *Rerum novarum* del Papa León XIII, la Iglesia en este país recuerda su valiosa tradición. Desde el 1919 cuando los obispos de los Estados Unidos crearon el Programa de Reconstrucción Social,[33] los católicos de los Estados Unidos han prestado atención a las dimensiones morales de las normas públicas debatiendo asuntos de paz y guerra, justicia económica, los derechos fundamentales de los no-nacidos, de las mujeres, los trabajadores, las minorías, los refugiados y todos los

---

33 National Catholic War Council, *Program of Social Reconstruction* (1919) (Washington, D.C.: USCC Office for Publishing and Promotion Services, 1985).

que sufren discriminación.[34]

Las riquezas culturales de nuestra herencia católica pueden contribuir a la presente situación al anunciar la Buena Nueva del Evangelio a los pueblos de las Américas. La Iglesia católica de los Estados Unidos se compone de diversas culturas y pueblos. Cada uno de ellos constituye un don especial. Los nativo-americanos, hispanos, afro-americanos, asiáticos y europeos se unen a las demás culturas de todo el mundo que han sido parte de la formación de la comunidad católica de los Estados Unidos. Cuando esas culturas expresan la misma fe por medio de sus dones culturales únicos, la Iglesia toda se enriquece. La Iglesia es en este sentido un instrumento para proteger y restaurar la unidad de la familia humana. Nuestra nación, al igual que la Iglesia, se enorgullece de su diversidad. "E pluribus unum" es un lema tan importante hoy como en el pasado, no porque niega la singularidad de las culturas individuales, sino más bien porque es un compromiso con la dignidad de cada persona y con la colaboración pacífica entre personas de diferentes orígenes culturales que regocijándose en su singularidad, afirman juntos una identidad común como pueblo de los Estados Unidos.

En Occidente, la Iglesia ha sido con frecuencia gran benefactora de las artes. La inspiración religiosa es la base de muchas obras maestras de las artes visuales, musicales y literarias de nuestro continente. En una época en la que la relación entre el arte y la bondad, la verdad y la belleza se ha nublado, los cristianos pueden promover una visión integral que puede reavivar el sentido de la integridad y propor-

---

34 Vea National Conference of Catholic Bishops, *A Century of Social Teaching: A Common Heritage, A Continuing Challenge* (Washington, D.C.: USCC Office for Publishing and Promotion Services, 1990).

cionar la base para obras con profundidad y belleza. Las artes pueden ser recursos valiosos para la renovación espiritual.

Como personas evangelizadas tenemos la responsabilidad de cuidar no sólo de otras personas sino también de la creación. La creciente preocupación de nuestra nación por la ecología, por la preservación de las riquezas naturales de la tierra, son signos de esperanza. Estas preocupaciones, al igual que la espiritualidad de los nativo-americanos, nos señalan a Dios Creador y confirman nuestra creencia que la humanidad comparte la función creativa de Dios y su responsabilidad en el cuido de la creación. La Encarnación debe movernos a un nuevo interés por la tierra. Muchas veces, desde el comienzo de la edad industrial, nuestro planeta ha sido despojado a causa de la ignorancia, el descuido y la avaricia. Tenemos ahora los recursos para resolver esos serios problemas que si no son frenados pueden alterar el delicado balance de la vida en nuestro hemisferio y nuestro mundo. El Papa Juan Pablo II ha subrayado: "la crisis ecológica revela la urgente necesidad moral de una nueva solidaridad, especialmente en relaciones con las naciones en desarrollo y con las que están altamente industrializadas."[35]

Somos parte de una Iglesia mundial renovada en su identidad y misión por el Concilio Vaticano II y mediante el liderazgo de pontífices extraordinarios. La Iglesia es un signo de la dimensión transcendental de la persona y de la solidaridad de la raza humana. Creemos en un Dios que por medio de Cristo forjó un lazo inquebrantable de solidaridad con cada ser

---

35 El Papa Juan Pablo II, *The Ecological Crisis: A Common Responsibility* (Washington, D.C.: USCC Office for Publishing and Promotion Services, 1990), 10.

humano. Al proclamar esa solidaridad por nuestra tierra y por todo el mundo, la Iglesia pide a los ciudadanos de nuestro país que recuerden los lazos que los unen a los hermanos y hermanas de todo el mundo, especialmente a los que comparten con nosotros este continente.

Tenemos un sistema sacramental que responde a las necesidades espirituales de los que buscan a Dios. Tenemos el *Ritual de la iniciación cristiana para adultos*,[36] que permite a los que han recibido la semilla de la Palabra llegar al conocimiento del Dios vivo en una comunidad de fe. También tenemos una rica tradición de espiritualidad que se remonta a los tiempos de los apóstoles y contiene algunas de las más destacadas realizaciones del espíritu que ha visto la historia. Lo más importante de todo es que tenemos la Eucaristía, la expresión cumbre de nuestro culto y nuestra alabanza.

Un factor de gran vitalidad es el sentido renovado de la vocación de los laicos en la Iglesia y en el mundo. El Concilio Vaticano II nos recordó que cada uno de nosotros ha sido llamado por medio del Bautismo y la Confirmación a compartir la misión salvífica de nuestro Señor Jesucristo y de su Iglesia. Mediante las parroquias, las organizaciones católicas, los planes pastorales, tales como el *Plan Pastoral Nacional para el Ministerio Hispano*[37] y el *Plan Pastoral Nacional para los Católicos Negros*,[38] los movimientos

---

36 Comisión Episcopal Española de Liturgia, *Ritual de la iniciación cristiana de adultos* (Héroes, S.A., Madrid, España, 1976).

37 National Conference of Catholic Bishops, *Plan Pastoral Nacional para el Ministerio Hispano*, (Washington, D.C.: USCC Office for Publishing and Promotion Services, 1987).

38 Vea National Conference of Catholic Bishops, *Here I Am, Send Me: A Conference Response to the Evangelization of African American Catholics and "The National Black Catholic Pastoral Plan,"* (Washington, D.C.: USCC Office for Publishing and Pro-

de renovación en la familia y en la esfera del trabajo, mujeres y hombres laicos están creciendo en su realiación de la importancia de ser testigos del reino de Dios. Con su trabajo, importante o sencillo, los creentes participan en la transformación del mundo. La presencia del pueblo de Dios en todos los ámbitos de la vida social, cultural, intelectual, política y económica enriquece a nuestra sociedad.[39]

No se puede dejar de enfatizar la importancia de la familia cristiana como fuente de fuerza en este momento de la historia de nuestra cultura. El papel de la familia es brindar un servicio de amor y de vida. El amor entre esposo y esposa en el matrimonio abarca a todos los miembros de la familia y forma una comunidad de personas unidas en alma y corazón. Allí se transmite la vida de generación en generación.

La familia forma una comunidad evangelizadora donde el Evangelio se recibe y se pone en práctica, donde se aprende a orar y se comparte la oración, donde todos los miembros, con palabras y amor mutuo, dan testimonio de la Buena Nueva de salvación. En la sociedad contemporánea de los Estados Unidos donde la estabilidad de la familia ha sufrido con el divorcio, con la falta de respeto por la vida y a causa de la cultura hedonista, las familias que están centradas en Cristo pueden ser fuentes de sanación para muchos.

En nuestras comunidades parroquiales en toda la nación los fieles alcanzan una relación viva con Cristo. Allí reciben alimento espiritual por medio de la proclamación, la celebración y el testimonio de la Buena Nueva. En esas comunidades del pueblo de

---

motion Services, 1990).
39 Ver *Lumen gentium,* 31.

Dios la tarea de la oración es continua y da a nuestras vidas su fundamento y un ritmo sagrado. La parroquia es una familia de familias en la que la fe se nutre y se expresa. Allí, la fe auténtica que viene de los apóstoles se transmite y se recibe de la comunidad universal de fe. Allí se lleva a cabo la tarea de construir una comunidad viva que sirva a las necesidades de los individuos y de las familias. Las parroquias deben ser centros para evangelizar que se extienden a los alienados y a los que no tienen iglesia, uniendo a la gente para luchar por la justicia social, y proporcionando a todos la oportunidad de amistad e inspiración espiritual. Esos dones nos permiten construir comunidades para amarnos y cuidarnos mutuamente; comunidades que ofrecen un contraste claro a las relaciones explotadoras de la sociedad a nuestro alrededor.

Tenemos además un nuevo aprecio por las Sagradas Escrituras, que junto con la tradición forman un depósito sagrado de la Palabra de Dios.[38] San Jerónimo nos recuerda que "la ignorancia de las Escrituras es ignorancia de Cristo." Los católicos de hoy se están reuniendo para estudiar las Escrituras, inspirados por el Concilio Vaticano II que pidió una nueva ola de vitalidad espiritual basada en una veneración más intensa de la palabra de Dios. Los católicos también están orando en sus hogares con las Escrituras y enseñando a sus hijos a valorarlas.[39]

Una señal especial de esperanza en nuestros días son los clérigos y religiosos comprometidos a servir a Dios y al pueblo. Utilizando sus dones del orden sagrado, la gracia y la naturaleza, ellos laboran para

---

40 Cf. Concilio Vaticano II, *Dei verbum* (La constitución sobre la Revelación Divina), 10.
41 Cf. Ibid., 26.

formar a Cristo en el pueblo de Dios. Los clérigos, como líderes y siervos, proclaman y celebran en el culto los misterios de nuestra fe. Con su amor y liderazgo ellos guían el pueblo hacia el Reino. Los diáconos permanentes, más de 10,000 en nuestro país, evangelizan mediante el ministerio de la Palabra y de la Caridad. Los religiosos y religiosas con votos, testigos del Evangelio, animan la vivencia de la fe en toda esta tierra con sus vidas de oración y servicio.

Un llamado a la civilización del amor

América, durante estos quinientos años, se ha destacado como un signo de esperanza para muchos pueblos. El momento demanda que los cristianos, en fidelidad al Evangelio, cumplan la esperanza de que un pueblo renovado por la presencia salvífica de Cristo puede ayudar a construir una sociedad mejor. Que la nueva evangelización inspire santidad, integridad y actividad incansable para promover la dignidad de la vida humana y así ser testigos más completos de la presencia del reino de Dios entre nosotros. Que todos, mediante un compromiso nuevo con el Evangelio nos embarquemos hacia un nuevo *descubrimiento*, una nueva creación de un mundo por venir: una comunidad de fe, una cultura de solidaridad, una civilización de amor. El futuro está luchando por nacer mediante la Palabra de Dios que invita a hombres y mujeres a responder más completamente a su mensaje. El futuro es uno en el que "una nueva síntesis de lo espiritual y lo temporal, de lo antiguo y lo moderno" pueda nacer.[42]

---

42 El Papa Pablo VI, "Homilía en la Basílica de San Pedro," 4 de julio de 1964.

Todo el Pueblo de Dios tiene que poner de su parte en esta nueva evangelización. Académicos y maestros, en reverencia por la verdad, deben ver su trabajo como una contribución al bien de la humanidad a la luz del Evangelio. Padres y madres de familia, en su difícil pero muy importante labor, deben trabajar para construir la "Iglesia doméstica" en la que la fe y la virtud crecen. Los jóvenes, que tienen la vocación especial de la esperanza, deben diseminar entre sus contemporáneos el mensaje de luz y vida que hay en Cristo. Los artistas que laboran para crear obras de belleza y significado deben ver su arte como un medio por el cual otros pueden ver algo de la dimensión transcendental de la vida. Los funcionarios públicos que luchan en un ambiente de utilitarismo deben diseminar la justicia del Reino de Cristo con su modo de vida. Obreros y mecánicos, los que trabajan en el comercio y el sistema legal, los que cuidan a los enfermos y los investigadores científicos: el Evangelio los llama a todos a dar un testimonio especial en nuestra sociedad. Nos llama a cada uno de nosotros a encarnar la Buena Nueva de Cristo en medio de nuestras labores cotidianas.

Estamos llamados a ser sal y luz del mundo y a veces un signo contradictorio que desafía y transforma al mundo según el pensar de Cristo. Aunque no hemos sido llamados a imponer nuestras creencias religiosas en los demás, estamos obligados a dar ejemplo de vidas de fe, bondad y servicio. En asuntos de importancia moral fundamental es necesario a veces desafiar públicamente la conciencia de la sociedad—como lo hicieron nuestras hermanas y hermanos en otras épocas—para mantener los valores humanos básicos que hacen avanzar los derechos humanos fundamentales y promueven los anhelos espirituales de cada persona.

Es nuestra esperanza que durante el 1992 y después de esa fecha, nuestra nación preste atención especial a la condición de los nativo-americanos. Pedimos a todos los americanos que traten de comprender mejor el papel de los pueblos nativos en nuestra historia y a responder a los requerimientos justos de esos hermanos y hermanas nuestros.

Esperamos que este momento sea uno de gracia para rechazar todas las formas de racismo. Las consecuencias negativas de la esclavitud aún se sienten dolorosamente en la cultura afro-americana de hoy y por toda la sociedad de las Américas. Reconocemos esta realidad, la lamentamos, y nos comprometemos a rectificar esas injusticias durante este año del Quinto Centenario.

La Iglesia de este país es verdaderamente multicultural. Nuestras gentes, cada una en su singularidad, son regalos de Dios. Que durante este tiempo renovemos nuestro aprecio de esta realidad y demos la bienvenida a los nuevos migrantes a nuestra tierra, muchos de los cuales vienen de países con una fe católica vibrante. Asiáticos, europeos, africanos y ciudadanos de las Américas enriquecen todos nuestra comunidad de fe.

Es nuestra esperanza que durante este tiempo reconozcamos y demos gracias por el nacimiento del pueblo hispano, un fruto hermoso de la unión de diversos pueblos y culturas. Su nacimiento ha sido doloroso, pero el resultado ha sido cinco siglos de transformación que afecta a la Iglesia y a la sociedad. La presencia hispana es ahora más evidente que nunca al entrar en la segunda mitad del primer milenio del Evangelio en América.

Deseamos luchar por una nueva reconciliación en el espíritu del Evangelio entre todos los americanos y de reconocer más plenamente nuestra solidaridad con las naciones de este hemisferio. La evangelización no es completa si aún existe la explotación de los débiles, de las minorías y de los pueblos del tercer mundo. El Quinto Centenario nos llama a un nuevo compromiso como cristianos a rectificar los males del pasado y del presente y a ser enérgicos promotores de la paz y la justicia que el Evangelio proclama. Que estemos presente con nuestras hermanas y hermanos de América Latina en sus luchas por la dignidad, la libertad, y la paz con justicia.

Que la Iglesia de los Estados Unidos no olvide su compromiso con la dimensión universal de la evangelización. Que continuemos siendo una Iglesia que comparte sus recursos humanos y materiales con los evangelizadores de otras tierras que luchan por llevar el Evangelio a sus gentes.[43] Con el Papa Pablo VI decimos al ser testigos de un creciente número de católicos que proclaman su fe: "No podemos sino sentir un gran gozo al ver una legión de Pastores, religiosos y seglares enamorados de su misión evangelizadora, y buscando formas más adaptadas de proclamar con más eficacia el Evangelio."[44]

Conmemoración del Quinto Centenario en los Estados Unidos

Los obispos de los Estados Unidos se unen a los hermanos obispos en el hemisferio y pedimos a nuestra gente que responda a la invitación del Vicario de

43 Cf. National Conference of Catholic Bishops, *To the Ends of the Earth: A Pastoral Statement on World Mission*, (Washington, D.C.: USCC Office for Publishing and Promotion Services, 1987).
44 *Evangelii nuntiandi*, 73.

Cristo a hacer de este aniversario de los quinientos años uno de gran compromiso a vivir y compartir en la vida pública y privada el Evangelio de Jesucristo. Nosotros, los obispos de los Estados Unidos, llamamos la atención de los fieles a la importancia y el potencial de este año de gracia. Invitamos a nuestras diócesis, parroquias, universidades, escuelas, movimientos y organizaciones a que den prioridad a la conmemoración del Quinto Centenario. Específicamente sugerimos que al observar este evento se enfoquen estas tres dimensiones:

1. **La dimensión histórica.** Un nuevo esfuerzo para recordar nuestro pasado mediante historias, canciones, escritos ya sean a nivel popular o académico, es parte importante de la conmemoración. Juntos debemos laborar para contestar estas preguntas: ¿Quiénes somos nosotros como pueblo católico de los Estados Unidos? ¿En qué creemos y a qué nos comprometemos? ¿De dónde venimos y cuáles son las fuerzas que nos han moldeado? ¿Qué podemos aprender de nuestros errores y éxitos?

2. **La dimensión de conmemoración.** Varios grupos están planificando eventos para conmemorar los aspectos cívicos y sociales del Quinto Centenario por todo el país en el curso del 1992. Llamamos a los católicos a que introduzcan en esas conmemoraciones la perspectiva única que hemos presentado aquí. En particular, pedimos a los católicos que desarrrollen conmemoraciones y actividades tales como servicios de oración, peregrinaciones, veladas y festivales que enfoquen los temas que hemos presentado. Nuestras conmemoraciones deben incluir momentos de arrepentimiento por las injusticias del pasado, un esfuerzo vital de reconciliación con nuestras hermanas y hermanos nativo-americanos mediante la oración y la acción social.

3. La dimensión evangelizadora. Este es el corazón de la conmemoración del Quinto Centenario para la comunidad católica y como tal, debe promoverse con gran vigor. Deseamos que esta nueva evangelización se promueva en dos fases: En la primera fase llamamos a todos a que se conscientisen sobre la necesidad de ser evangelizados nuevamente, para llevar la luz de Cristo a nuestras vidas y a la vida de nuestras familias y comunidades de fe. En la segunda fase pedimos que nos acerquemos con la Buena Nueva del Evangelio a los católicos alienados, a los que no tienen iglesia y a la sociedad en general.

Lo más apropiado será observar el Quinto Centenario con la celebración de la Eucaristía. Los obispos han preparado, con la aprobación de la Santa Sede, el texto de una liturgia especial de acción de gracias para esta ocasión. Además pedimos que se lleven a cabo otros servicios para adorar al Señor y darle gracias por las bendiciones que ha derramado sobre los pueblos del hemisferio en el curso de estos quinientos años, para pedir perdón por nuestros errores y pedir continuas bendiciones, especialmente en nuestros esfuerzos de evangelizar y en las iniciativas de paz en el hemisferio.

También seremos parte de una convocatoria de todos los obispos del hemisferio para consagrar de nuevo el hemisferio al Señor y para volvernos a comprometer tanto nosotros como el pueblo, a la evangelización, la justicia y la paz, y a responder a las necesidades de los pobres.

Conclusión
Una presencia renovada de Jesús en nuestra tierra

Como Iglesia somos una presencia duradera del Evangelio de Jesús que vino al hemisferio hace quinientos años. Jesús es el primer evangelizador y nosotros estamos llamados a continuar su misión. La vida de la Iglesia, la caridad que vivimos y el pan y vino sagrados que compartimos sólo adquieren su total significado cuando dan testimonio, cuando inspiran imitación y conversión, cuando se convierten en la predicación y la proclamación de la Buena Nueva.[45]

El mundo pide evangelizadores que le hablen de un Dios a quienes ellos conocen y sirven. El mundo necesita nuevas vocaciones al sacerdocio y a la vida religiosa. Pide evangelizadores que den testimonio en el mundo. Aún más, nuestra época exige de todos los creyentes una vida simple, un espíritu de oración, caridad hacia todos, obediencia y humildad, desprendimiento y sacrificio. Sin esas señales de santidad los evangelizadores tendrán dificultad en llegar a los corazones de la gente moderna y su actividad será en vano y estéril. En el 1992 los evangelizadores vienen con el compromiso de amar cada vez más a las personas a quienes están evangelizando. Ellos dicen con el apóstol San Pablo, "era tal nuestra ternura hacia ustedes que hubiéramos querido, junto con entregarles el Evangelio, entregarles también nuestra propia vida."[46] Vienen con el fervor de los santos, el fervor que los mueve a proclamar con alegría la

---

45 Cf. ibid, 15.
46 1 Tes 2:8.

Buena Nueva que ellos han abrazado por la misericordia del Señor. Proclamar la Buena Nueva es el deber de los evangelizadores. Cada persona tiene derecho a recibir libremente y sin coerción la proclamación de la Buena Nueva de salvación en la integridad de su propia conciencia. Hombres y mujeres pueden alcanzar la salvación mediante una proclamación diferente a la que nosotros les llevamos. Pero tenemos que preguntarnos: ¿Nos podemos salvar si a causa de negligencia, temor o vergüenza—lo que San Pablo llama "avergonzarse por el Evangelio"—dejamos de proclamarlo?[47]

En esta hora histórica de gracia, nosotros los obispos nos dirigimos a los laicos, religiosos y clérigos con las palabra del Papa Pablo VI:

> Conservemos, pues, el fervor espiritual. Conservemos la dulce y confortadora alegría de evangelizar, incluso cuando hay que sembrar entre lágrimas. Hagámoslo—como Juan el Bautista, como Pedro y Pablo, como los otros Apóstoles, como esa multitud de admirables evangelizadores que se han sucedido a lo largo de la historia de la Iglesia—con un ímpetu interior que nadie ni nada sean capaces de extinguir. Sea esta la mayor alegría de nuestras vidas entregadas. Y ojalá que el mundo actual—que busca a veces con angustia, a veces con esperanza— pueda así recibir la Buena Nueva, no a través de evangelizadores tristes y desalentados, impacientes o ansiosos, sino a través de ministros del Evangelio, cuya vida irradia el fervor de quienes han recibido, ante todo en sí mismos, la alegría de Cristo, y aceptan consagrar su vida a la tarea de anunciar el reino de Dios y de implantar la Iglesia en el mundo.[48]

47 Cf. Rom 1:16.
48 *Evangelii nuntiandi*, 80.

Encomendamos nuestra conmemoración del año del Quinto Centenario y nuestro compromiso a ayudar a nacer con nuevo fervor la vida del Evangelio en nuestro hemisferio, a nuestra Señora de Guadalupe, Patrona de las Américas. Ella fue la primera en ser portadora de Cristo; con su intercesión maternal, que sus fieles hijos e hijas se renueven y descubran de nuevo la alegría, el esplendor y la promesa de ser portadores de la Buena Nueva del Evangelio.

> *Padre,*
> *deja que la luz*
> *de tu verdad*
> *nos guíe hacia tu reino*
> *en medio del mundo*
> *lleno de luces*
> *contrarias a las tuyas.*
> *Cristiano es nuestro nombre*
> *y el Evangelio en que nos gloriamos.*
> *Que tu amor nos ayude a ser*
> *lo que tú nos llamas a ser.*
> *Por Cristo, nuestro Señor.*[49]
> *Amén.*

---

49 Tomada de la Oración opcional de entrada para el Décimoquinto Domingo Ordinario del *Misal Romano* (Preparada por la Comisión Internacional de Inglés en la Liturgia, 1973).